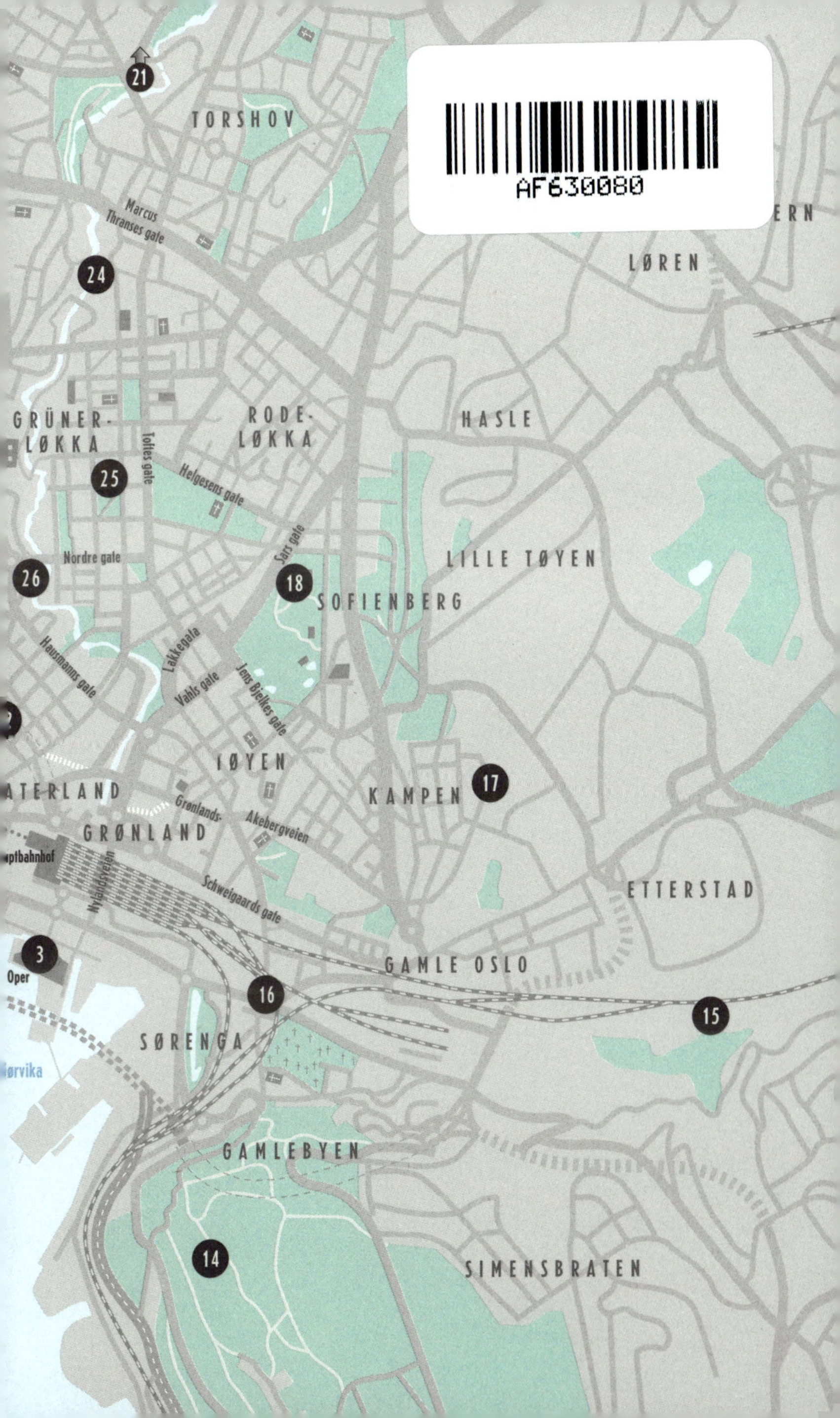
21
TORSHOV
Marcus Thranses gate
24
LØREN
GRÜNER-LØKKA
RODE-LØKKA
HASLE
Toftes gate
25
Helgesens gate
Sars gate
Nordre gate
26
18
SOFIENBERG
LILLE TØYEN
Hausmanns gate
Lakkegata
Vahls gate
Jens Bjelkes gate
TØYEN
KAMPEN
17
GRØNLAND
Grønlands-
Akebergveien
Nylandsveien
Schweigaards gate
ETTERSTAD
3
Oper
GAMLE OSLO
16
15
SØRENGA
GAMLEBYEN
14
SIMENSBRATEN

insel taschenbuch 5029

Knut Hoem

Oslo & Bergen – Lieblingsorte

LIEBLINGSORTE

REISEFÜHRER

OSLO & BERGEN

KNUT HOEM

ENTDECKEN SIE DAS LEBENSGEFÜHL ZWEIER STÄDTE!

MIT FOTOGRAFIEN DES AUTORS

Insel

Hinweis zu dieser Ausgabe: Dieser Band ist eine aktualisierte Neuausgabe des insel taschenbuchs 4698 (Insel Verlag Berlin 2019).

Die Fotografien stammen vom Autor; folgende Abbildungen wurden von mauritius images, Mittenwald, zur Verfügung gestellt: S. 32 (Alamy/Grethe Ulgjell), S. 37 (Alamy/Kerin Forstmanis), S. 143 (imageBroker/Dr. Wilfried Bahnmüller), S. 151 (Jose Fuste Raga).

Klimaneutral
Druckprodukt
ClimatePartner.com/14438-2110-1001

Erste Auflage 2023
insel taschenbuch 5029
Originalausgabe

Umschlaggestaltung und Layout: Marion Blomeyer, München
Illustrationen: Ryo Takemasa, Tokio
Karten: Peter Palm, Berlin
Satz: Greiner & Reichel, Köln
Druck: CPI books GmbH, Leck
Printed in Germany
ISBN 978-3-458-68329-2

www.insel-verlag.de

INHALTSVERZEICHNIS

Bergen ist auch im Regen schön, und Oslo glänzt im Winterschnee

Oslo und Bergen könnten nicht unterschiedlicher sein, und zwischen den beiden Städten herrscht schon seit dem Mittelalter eine freundschaftliche Rivalität. Die Stadt an der Westküste mit der feuchten Meeresluft des Atlantiks und dem ewigen Regen diente nach der Wikingerzeit als Hauptsitz der Könige. Dies sollte sich ändern, als König Magnus VI. Håkonsson, genannt Lagabøte, im Jahr 1280 starb. Im Sinne seines Letzten Willens wurde das Land zwischen seinen zwei Söhnen aufgeteilt. Die Stadt Bergen und Umgebung ging an seinen 12-jährigen Sohn Erik. Die damals kleinere Stadt am Oslofjord gab Magnus seinem anderen Sohn Håkon. Als Erik mit 19 starb, übernahm Håkon das Land seines Bruders, hatte aber keine Lust, in seine Geburtsstadt zurückzukehren. Stattdessen machte er es sich in seinem Herzogtum im Osten bequem, wo er sich mit seiner deutschen Königin Euphemia aus Rügen niedergelassen hatte.

Seitdem hat Oslo die Oberhand. Die Bergenser versuchten sich später mithilfe der deutschen Hanse zumindest wirtschaftlich zu rächen. Die politischen Institutionen wie das *Storting* (das

Parlament) und die Königsfamilie blieben jedoch in Oslo.
Dafür ist Bergen die schönere Stadt. Das Stadtbild hat sich seit der Hansezeit eigentlich kaum verändert. Man läuft entzückt durch die kleinen Gassen und schon nach ein paar Tagen hat man das Gefühl, die Menschen, die man am blauen Stein auf dem Platz Torgallmenningen trifft, ein bisschen zu kennen. Die Musik- und Literaturszene gilt als die beste im Land. Bands wie Kings of Convenience, Röyksopp, Razika, Alan Walker oder Kygo und Autoren wie Karl Ove Knausgård und Tomas Espedal sind nur einige, die es geschafft haben, mit ihrer Kunst weit über die Landesgrenzen hinaus erfolgreich zu sein. Die Bergenser lieben ihre Stadt mit ungebrochener Leidenschaft. Sie lieben die sieben Gebirge Løvstakken, Rundemanen, Ulriken, Lyderhorn, Fløyen, Damsgårdsfjellet und Sandviksfjellet, die wie die Zähne eines Trolls um die Stadt herum liegen. Mit den Bergen im Rücken schauen die Menschen aufs blaue Meer. Irgendwo da draußen liegen Færøyene (die Färöer-Inseln) – und Island. Vielleicht sehen wir von hier aus auch das Schiff *Hurtigruten*, das täglich von Bergen in Richtung Nordkap fährt. Unter der Meeresoberfläche verbergen sich Schätze, die seither eine Quelle von Reichtum (und Streit) waren. Der Fisch ist frischer als in der Hansezeit, und immer mehr – sehr gute – Restaurants verarbeiten dieses Meeresgold zu perfekten Kreationen. Das Gleiche tun übrigens die Frauen mit den Fischbällchen im Fischladen der Geschwister Hagelin (siehe Lieblingsort Nr. 39), und das zu einem günstigeren Preis, was wohltuend ist in diesem Land, in dem sogar die Einheimischen gelegentlich etwas verblüfft auf die Rechnung schauen.
Im Vergleich zum pittoresken Bergen ist Oslo wilder. Nicht nur im neuen Hafengebiet Bjørvika, sondern auch überall sonst wird gebaut. Man hat ein bisschen das Gefühl, in einer boomenden Stadt zu leben. Das Nachtleben um die Ausgehmeile *Torggata* tobt dank immer neuer Bars und Clubs. Beide Städte sind ausgesprochen grün, aber in Oslo ist die Natur ausgeglichener. Bergen hat seine Gebirge, Oslo hat den Wald. Der Winter ist stabiler hier im östlichen Inland als an der Westküste, wo der Golfstrom dafür sorgt, dass die Meerestemperatur um fünf bis zehn Grad Celsius höher liegt als in Regionen wie Alaska oder Sibirien, die auf dem gleichen geografischen Breitengrad liegen.
Sonntags, am Vormittag, ver-

schwinden die Osloer in den Wald. Auf ihren dünnen Langlaufskis legen sie Meile um Meile zurück. Scheinbar unangestrengt nicken sie den weniger Geübten munter zu. Die Bergenser sind frech und schnörkellos, die Osloer sind höflich. »Zu höflich! Was haben sie denn zu verbergen?«, denken die Bergenser. Oslo ist wie ein Kessel. Die U-Bahn klettert tapfer die Talseite hinauf. Seien Sie nicht überrascht, wenn ein Mitglied des Königshauses in die Bahn einsteigt. Die Norweger sind sehr stolz auf ihre gleichberechtigte und egalitäre Gesellschaft, obwohl die Reichen schon längst aufgehört haben, sich ihres Reichtums zu schämen. Der Fluss Akerselva teilt die Hauptstadt in zwei Gebiete. Die traditionelle Einteilung der Stadt mit dem Reichtum im Westen und der Armut im Osten gilt zum Teil immer noch. Die Kreativen und Künstler der Hauptstadt haben sich natürlich längst in Ost-Stadtteilen wie Grünerløkka, Torshov und Tøyen angesiedelt.

Allen Unterschieden zum Trotz: Sowohl Oslo als auch Bergen hatten ihren Edvard, der sozusagen den Ton angab. Niemand hat das Bild von Oslo so entscheidend geprägt wie Edvard Munch, der auf einem Hügel im Stadtteil St. Hanshaugen sein erstes Bild malte. In Bergen hat der Komponist Edvard Grieg nach seinen Studienjahren an der Musikhochschule in Leipzig sein Haus *Troldhaugen* außerhalb des Zentrums bauen lassen, in der Hoffnung, endlich in Ruhe arbeiten zu können. (Der Zustand traf nie ein.)

Nach Bergen fährt man am besten Ende Mai, wenn sich der Regen, pünktlich zu den internationalen Festspielen, eine seltene Pause gönnt und die Rhododendronbüsche am See Lille Lungegårdsvannet blühen. Die Sinne werden von dieser Mischung aus Blütengeruch und Meeressalz fast ein bisschen betrunken und die Feuchtigkeit in der Luft kräuselt das Haar.

Nach Oslo fährt man am besten im August, wenn die Osloer aus ihren Ferienhäusern im Süden zurückkommen und sich vor der größten Bühne des Landes, auf dem Rockfestival *Øya*, wiedersehen. Oder vielleicht sollte man doch einmal im Winter vorbeikommen. Denn obwohl die Menschen die langen und hellen Sommernächte zu schätzen wissen, in denen das Licht nie richtig auszugehen scheint, ist die wahre Identität der Norweger doch eigentlich irgendwo unter dem ersten Winterschnee begraben.

OSLO

Zentrum und Bislett

1

FÄHRE B1 / B2 / B3 AKER BRYGGE

Hovedøya – ein Sommermärchen

TIPP

KLOSTERKROA CAFÉ
HOVEDØYA
TEL. 90 59 89 19
WWW.KLOSTERKROA.NO

An richtig warmen Sommertagen sind die Schlangen scheinbar endlos zu den Fähren, die zu den Inseln im inneren Oslofjord übersetzen. Es geht aber immer schnell voran. Ob die Fähre nach Hovedøya oder zu einer der anderen Inseln fährt, ist nicht immer eindeutig, wenn man da hinten in einer der Reihen steht, aber im Zweifel landet man auf Gressholmen, Lindøya oder Langøyene, und dort ist es auch schön. Die jungen und teilzeitarbeitenden Matrosen und Matrosinnen, die außerhalb der Hochsaison vermutlich etwas ganz anderes tun – wie beispielsweise Jura oder Literaturwissenschaften an der Osloer Uni studieren –, schieben uns unge-

duldig an Bord. Die erfahrenen Fahrgäste eilen ganz nach vorne in Richtung Bug, dann die Treppe hoch zum Oberdeck und sichern sich einen Sitzplatz. Um die Fahrscheinkontrolle kümmert sich niemand. Die Fahrkarte haben wir schon, denn die U-Bahn- und Straßenbahn-Tickets gelten auch für die Fähren. Das ist so ausgesprochen nett in dieser sonst nicht so besonders preiswerten Stadt, dass niemand auf die Idee kommt schwarzzufahren. Nur sieben Minuten später legen wir auf Hovedøya an. Die Botaniker schauen sich die seltenen Blumen an, die Geologen die verschiedenen Bergarten, und die Segler verschwinden im Bootshafen. Der Rest wandert fröhlich weiter, und schon nach fünfzig Metern tauchen vor ihnen die Klosterruine und der Klosterkrug auf. Das ist der einzige Ausschank auf der ganzen Insel – und nur bis 18 Uhr geöffnet (siehe Tipp). Aus dieser nicht zu ändernden Tatsache ist zu schließen, dass man am späten Nachmittag nicht nach Hovedøya reisen sollte ohne einen sorgfältig gepackten Picknickkorb. Dieser sollte zumindest Badehose und Badelatschen enthalten, vielleicht auch einen Fußball oder ein Beach-Ball-Set. Dazu noch Brot, Garnelen (die gibt es im kleinen Fischmarktrestaurant am Rathauskai) und eine Flasche Weißwein aus dem Kühler im staatlichen Weinmonopol. Dazu noch einen warmen Pullover. Dann sind wir bestens vorbereitet für die Mittsommernacht auf Hovedøya, in der, wie es in einem norwegischen Schlager aus den fünfziger Jahren heißt, vieles passieren kann und in der vieles schon passiert ist.

Die Geschichte der Insel Hovedøya beginnt mit dem Abt Philippus aus England, der im Frühjahr des Jahres 1147 mit einer Gefolgschaft von etwa zwölf Mönchen auf der Insel eintraf. Er war von dem Osloer Bischof William eingeladen worden, der sich ein Zisterzienserkloster auf dem fruchtbarsten Land im Oslofjord wünschte. Fast vierhundert Jahre lang dauerte das Klosterwesen auf Hovedøya an, bis der dänische Statthalter der Festung Akershus, Mogens Gyldenstierne, im Kielwasser von Martin Luthers Reformation im Jahr 1532 die Mönche verjagte und das Kloster in eine Ruine verwandelte. Ein paar Jahrhunderte später, im März 1716, wollten schwedische Soldaten unter König Gustav Adolf die Stadt erobern. Der Fjord war zugefroren. Sie suchten sich also ihren Weg über das Eis in Richtung Christiania. Als aber aus der Festung Akershus die Kanonenkugeln flogen, zerbrach das Eis, und die Soldaten mussten sich hinter Hovedøya verschanzen, bevor sie sich auf den demütigen Heimweg begaben.

Während des Zweiten Weltkriegs errichtete die Wehrmacht ein großes Barackenlager auf der Insel, um Soldaten einzuquartieren. Nach Kriegsende wurden dort über 1000 norwegische Frauen interniert, denen vorgeworfen wurde, mit deutschen Soldaten liiert gewesen zu sein. Ohne jede gesetzliche Grundlage wurden sie im Oktober 1945 nach Hovedøya deportiert. Die Haft dauerte ein halbes Jahr, bis ein norwegischer Minister das Lager besuchte und feststellte, dass ihn die Einrichtung an ein Konzentrationslager erinnerte, aus dem er gerade befreit worden war. Die Baracken wurden kurz darauf abgerissen, mit Ausnahme des heutigen Klosterkrugs, dessen Gebäude als Zeugnis der Besatzung stehen geblieben ist.

Trotz der bewegten Geschichte der Insel gibt es an warmen Sommertagen wohl kaum einen schöneren Ort in der Stadt als hier bei der Klosterruine.

2

U-BAHN JERNBANETORGET

Die musealen Leuchttürme am Fjord

NASJONALMUSEET
BRYNJULF BULLS PLASS 3
TEL. 21 98 20 00

MUNCH-MUSEUM
EDVARD MUNCHS PLASS 1
TEL. 23 49 35 00

TIPP

DIE NORDISCHE KÜCHE VOM FEINSTEN IM RESTAURANT VAAGHALS.

VAAGHALS
DRONNING EUFEMIAS GATE 8
TEL. 47 92 07 09 99
MITTAGESSEN: DI-FR 11-14.30 UHR;
ABENDESSEN: MO-SA 17-23.30 UHR

Die beiden neuen Museen der norwegischen Hauptstadt sind ein ungleiches Paar. Das Munch-Museum ragt mit seinen 13 Stockwerken in die Höhe. Das neue Nationalmuseum trägt die Handschrift des Münchener Architekten Klaus Schuwerk. Er zieht die Breite der Höhe vor. Juan Herreros, der spanische Architekt des Munch-Museums, hat das neue Zuhause des weltberühmten norwegischen Künstlers »Lambda« getauft. Und tatsächlich: Mit seinem schrägen Dach hat das Museum eine nicht zu übersehende Ähnlichkeit mit diesem Buchstaben aus dem griechischen Alphabet. Das Munch-Museum befindet sich jetzt an der Stelle, wo der Fluss Akerselva

in der neuen Hafenstadt in den Oslofjord mündet. »Lambda« ist also von drei Seiten von Wasser umgeben. Im Sommer bringt die Lokalbevölkerung zuweilen Badehose und Bikini mit, wenn sie sich in dieser Gegend aufhält. Die gesamte Hafenpromenade ist zu einem Stadtstrand geworden, zu dem man über kleine Leitern aus dem Oslofjord hinaufklettern kann. Im Winter sitzen wir zusammen in den Holzsaunen, die in den letzten Jahren im Hafengebiet entstanden sind. Dem Munch-Museum kommt man vielleicht am besten ähnlich näher wie die Norweger ihren Bergen: Man klettert – oder in diesem Fall: Man nimmt eine der etwa zwanzig Rolltreppen oder den Aufzug bis zum Dachbistro im dreizehnten Stock. Die Wohlhabenden buchen einen Tisch. Wir anderen genießen die Aussicht über die Stadt. Und danach klettern wir diesen Museumsberg wieder hinunter. Es gibt interessante temporäre Ausstellungen auf allen Stockwerken, aber die Juwelen dieser aus 1100 Gemälden, 18 200 graphischen Blättern und 6700 Zeichnungen, 13 Skulpturen und 500 Druckplatten bestehenden Sammlung offenbaren sich im vierten Stock: »Munch. Unendlich« genannt. Die hier gezeigte Auswahl von Munchs Werken ist atemberaubend. Das Grundkonzept, von der Chronologie abzuweichen, ist nahezu genial.

Stattdessen wurden die Gemälde nach Themen angeordnet. Es gibt natürlich die für den Künstler Munch ikonischen Gemütszustände Angst, Liebe, Hass und Eifersucht zu sehen. Aber auch Gemälde von Arbeitern auf dem Heimweg. Oder einfach ein Kohlfeld. Ausgerechnet ein Kohlfeld hat den norwegischen Autor Karl Ove Knausgård am meisten beeindruckt, wie er in der Einleitung zu seinem Buch über Munch schreibt. Ein Kohlfeld mit einem Wald im Hintergrund. Die Farben Blau und Gelb. Keine Menschen sind auf dem Gemälde zu sehen. Nur dieser Acker. Und der Wald. Irgendwie sehr norwegisch. Aber dieses Motiv gehört der ganzen Welt – wie der Künstler auch. Sein berühmtestes Motiv, *Der Schrei*, gibt es als Gemälde in vier Ausfertigungen. Das Munch-Museum besitzt eines davon. Es hat aber leichten Schaden genommen, als es zwei Jahre lang im Besitz einer norwegischen Verbrecherbande war. Im Munch-Museum gibt es auch zwei mit Farbstift gezeichnete Versionen des Motivs. Sie werden alle gezeigt, wenn auch nicht gleichzeitig. Die verschiedenen Versionen des Gemäldes werden in einem eigens dafür konstruierten Raum jeweils nacheinander gezeigt, um die empfindlichen Bilder so wenig wie möglich dem Licht auszusetzen.

Das neue Nationalmuseum ist in vielerlei Hinsicht das Gegenstück zum Munch-Museum. Von außen sieht die Fassade fast geschlossen aus. Aber wenn man etwas näher herankommt, zeigt das Gebäude eine einzigartige Offenheit. Zunächst gibt es den offenen Platz vor dem Eingang, der wie eine italienische Piazza auf die hellen Sommerabende wartet. Die Sammlung des Nationalmuseums beherbergt sozusagen das nationale Selbstverständnis Norwegens, wie die *Winternacht in Rondane* von Harald Oscar Sohlberg. Das Gemälde *Fra Stalheim* von Johan Christian Dahl stellt die Natur im wilden und freien Zustand dar. Dahl ist früh nach Deutschland gereist, wo er am Anfang seiner Karriere Professor an der Dresdner Kunstakademie wurde. Das romantische Weltbild lernte er durch seinen deutschen Kollegen Caspar David Friedrich kennen – und übertrug es erfolgreich auf die norwegische Natur. Die Kinder freuen sich über das Märchenzimmer im Museum. Modeinteressierte kommen durch die Garderobe der königlichen Familie auf ihre Kosten. Neben ihren Abendkleidern sind auch die maßangefertigten Schlitt- und Rollschuhe der aus der britischen

Königsfamilie stammenden Königin Maud ausgestellt. Es ist fast rührend, wie sich das Königspaar Haakon und Maud aus Dänemark und Großbritannien an die Winternation Norwegen anpasste. Die Garderobe musste natürlich den (winter)sportlichen Geist der Norwegerinnen und Norweger widerspiegeln. Das Museum besteht aus 80 Zimmern und zeigt Kunstwerke aus einem Zeitraum von 3000 Jahren. Man schafft natürlich nur einen Bruchteil davon. Zum Glück gibt es norwegische Waffeln im Café im ersten Stock. Bevor wir diese kulinarischen Leckereien verdient haben, müssen wir aber noch kurz im Munch-Zimmer im Nationalmuseum vorbeischauen. Das *Selbstbildnis mit Spanischer Grippe* ist ein bewegendes Selbstzeugnis des von der damaligen Pandemie gezeichneten alternden Künstlers. Munch sitzt in seinem Sessel, ein Teppich auf den Knien – sichtlich überrascht, auch sterblich zu sein.

3

U-BAHN JERNBANETORGET

Oslos warmes Herz aus Marmor

Am Anfang lag die Oper fast alleine da im Wasser, wie eine Eisscholle, die im Begriff war, sich vom Festland loszureißen. Inzwischen klettern rund um die Uhr Menschen auf dem aus Italien importierten Marmordach herum, sie fotografieren und küssen sich pausenlos. Im Hintergrund der Tausenden von Selfies sieht man die Sonne im Fjord untertauchen. Gelegentlich gibt es sogar Konzerte auf dem Dach – einige umsonst! Die Skulptur der berühmtesten Opernsängerin Norwegens, Kirsten Flagstad, beobachtet das ganze Spektakel. Etwas überrascht war sie sicherlich darüber, dass Oper und Ballett auf einmal so angesagt sein sollten. Seien

OPERNHAUS OSLO
KIRSTEN FLAGSTADS PLASS 1
TEL. 21 42 21 21
WWW.OPERAEN.NO

wir ehrlich: Dazu hat auch das Gebäude beigetragen.

Das Herzstück des Architekturbüros *Snøhetta* (»Die Schneekappe«) wurde tatsächlich auch zum Herzen der Stadt. Oslo wandte sich wieder zum Fjord, so schien es, als die Schiffswerften und Container abziehen mussten und die Bauarbeiten für die neue Oper begannen. Besonders laut klopfte das Herz der Norweger bei der Eröffnung am 12. April 2008, bei der auch Angela Merkel anwesend war. Seitdem türmt sich ein nagelneues Stadtviertel um die Oper herum. Einigen ist es zu dicht geworden, zu schick, aber das Seebad *Sørenga* in der Nähe ist in jedem Fall ein riesiger Publikumserfolg geworden.

Aber zurück zur Oper: Das Dach besteht nicht nur aus Marmor, sondern zu großen Teilen auch aus Glas. So sind die Besucher auf dem Dach auch von innen sichtbar – das Dach wird sozusagen zur Bühne. Vor der Garderobe leuchtet *The Other Wall*, eine Lichtinstallation des dänisch-isländischen Künstlers Ólafur Elíasson, in verschiedenen Farben von Weiß bis Grün. Wieder gehen die Gedanken in Richtung Eis und Eiskristalle. Als Kontrast dienen die geölten Ränge aus Eichenholz. Holz und Eis, sind das nicht in vielerlei Hinsicht die Grundbestandteile dieses Landes? Der Besucher des großen Saales schaut unwillkürlich nach oben zum Kronleuchter, den drei Designer in Zusammenarbeit mit den Glasbläsern auf Hadeland (unweit von Oslo) geschaffen haben. Dann zum Bühnenvorhang, der wieder wie zerstückeltes Eis aussieht. Dann schauen wir in den Orchestergraben, wo sich tatsächlich ein »lebendiges« Opernorchester befindet.

Die Karten für die Oper sind natürlich sehr begehrt, aber auch vom Staat subventioniert. In der Regel füllt ein buntes Publikum den Saal. Wo sitzt man denn eigentlich am besten? »Vom zweiten Balkon aus hört man die Musik besser«, so die Kenner. Wenn die Tänzer und Tänzerinnen in der Ballettvorstellung über die Bühne schweben, will man aber doch lieber nah am Orchester sitzen. In den Pausen holen wir uns ein Glas Wein, obwohl die Zeit kaum reicht, bevor uns ein sonderbares Glockenspiel, ein Orchesterwerk des Komponisten Bjørn Kruse, wieder in den Saal lockt.

Nach der Vorstellung verschwinden die Tänzer und Musiker hinter den Kulissen und in die Räume, zu denen man als Zuschauer leider keinen Zutritt hat. Vielleicht gibt es eine After-Party?

Beispielsweise auf der »Hunk-Street«, wie der Gang vor den Garderoben der männlichen Tänzer genannt wird? Nach der Premiere sind viele, die zur Produktion beigetragen haben, auch bei der Premierenfeier mit dabei: die Kostüm- und Bühnenbildner und -bildnerinnen, die Dramaturginnen und Dramaturgen, die Schuhmacherinnen und Schuhmacher, die Lichttechniker und -technikerinnen und viele mehr. Die Oper ist wie ein mittelalterliches Dorf, in dem die unterschiedlichen Zünfte den globalen Kapitalismus erfolgreich überlebt haben. Hier ist alles Handwerk und man ist stolz darauf. Zu Weihnachten kommen die Kinder der Osloer Ballettschule in E.T.A. Hoffmanns *Nussknacker* voll zum Einsatz. Die Handlung hat man in der Osloer Variante in ein bürgerliches Haus in Christiania im Jahr 1905 verlegt, also in das Jahr, als Norwegen seine Selbstständigkeit von Schweden erlangte. Bald passieren hier, wie überall sonst auf der Welt, wo der *Nussknacker* gespielt wird, magische Dinge. Ein bisschen Magie ist auch nicht fehl am Platz, wenn man sich Karten zu dieser Osloer Weihnachtstradition sichern will: Am besten nimmt man den Hörer sofort in die Hand, wenn die Karten Ende Mai freigegeben werden.

4

STRASSENBAHN ØVRE SLOTTSGATE
U-BAHN STORTINGET

Der Handschuh am Christiania Torv

CHRISTIANIA TORV 1

Mit dem Einzug der Grünen in die Stadtverwaltung im Jahr 2015 hat sich einiges verändert in Oslos Stadtzentrum: Am Christiania Torv fahren zum Beispiel immer weniger Autos und Touristenbusse vorbei. Das ist eine gute Nachricht für die Skulptur *Der Handschuh* der norwegischen Bildhauerin Wenche Gulbransen. Der etwa zwei Meter große Handschuh aus Bronze steht genau an dem Punkt, wo der dänische König Christian IV. gestanden haben soll, als er seiner Gefolgschaft verriet, dass genau hier das neue Stadtzentrum entstehen sollte. Der Handschuh mit dem zum Boden gewandten Zeigefinger verkörpert also sozusagen den Beschluss des Kö-

nigs, Oslo ganz neu zu gestalten. Die alte Stadtmitte im mittelalterlichen Oslo war 1624 abgebrannt. König Christian IV. kümmerte sich wie keiner seiner Vorfahren um seinen »Marionettenstaat« auf der anderen Seite der Nordsee. Über 25 Mal segelte er mit seinen Schiffen nach Norwegen. Im Herbst 1624 ging die Reise nach Oslo. Mit im Gepäck hatte der König einen ganz neuen Stadtplan für seine neue Stadt, die natürlich, wie später Kristiansand im Süden und Kristianstad im heutigen Schweden, Christiania heißen musste. Laut dem Architekten der neuen Stadt hatte König Christian »Modell und Abritz unter eigen Hand« gemacht. Jetzt ging es darum, vor Ort den neuen Stadtplan umzusetzen. Der norwegische Maler Adolph Tidemand hat die historische Situation später nachgezeichnet: Christian steht mitten in einer Gruppe von norwegischen und dänischen Adeligen und Architekten. Mit dem Handschuh zeigt er auf den Ort, wo die neue Garnisonsstadt liegen soll. Die neuen Stadtviertel sollten gut geschützt hinter den Festungsmauern von Akershus liegen. Die Straßen sollten quadratisch angelegt werden, wie es die Mode der Zeit vorschrieb.

Lange war die Gegend etwas kahl und von Drogensüchtigen und Prostituierten besetzt. Aber jetzt tut sich etwas in König Christians alten Vierteln: Rådhusgata ist besonders für Radfahrer vorgesehen, die Parallelstraße Prinsens gate ist ganz neu gestaltet worden, mit breiten Bürgersteigen. Das Kulturhaus *Sentralen* hat seine Heimat in der Querstraße Øvre Slottsgate gefunden. Die Gegend wirkt lebendiger als zuvor. Christian selbst steht in seiner Ganzheit auf Stortorget, einem Platz in der Nähe, vor der heutigen Domkirche. Dort steht er seit 1880, ebenfalls mit ausgestrecktem Zeigefinger, aber er zeigt auf den falschen Ort! Diese »Geschichtsfälschung« hat die Künstlerin Wenche Gulbransen mit ihrem riesigen Handschuh am Christiania Torv korrigiert. Gerade *dort* sollte nämlich die Stadt Christiania sein. Und hier ist sie auch heute noch. Nur den Namen trägt sie nicht mehr: Seit 1928 heißt Oslo wieder Oslo.

5

STRASSENBAHN 12 KONTRASKJÆRET

Weihnachten auf der Festung Akershus

TIPPS

NORGES HJEMMEFRONTMUSEUM
(MUSEUM DER NORWEGISCHEN
HEIMATFRONT)
AKERSHUS FESTNING
BYGNING (HAUS) 21
TEL. 23 09 31 38
MO - FR 10-16 UHR; SA - SO 11-16 UHR

FORSVARSMUSEET (VERTEIDIGUNGS-
MUSEUM)
AKERSHUS FESTNING
BYGNING (HAUS) 62
TEL. 23 09 35 82
DI - SO 10-16 UHR

DAS RESTAURANT FESTNINGEN
GRILLT FISCH ZUR PERFEKTION.
DAS ALTE GEFÄNGNIS BIETET SOMMER
WIE WINTER EINEN EINZIGARTIGEN
AUSBLICK ÜBER DIE STADT.

FESTNINGEN RESTAURANT
MYNTGATA 9
TEL. 22 83 31 00
WWW.FESTNINGENRESTAURANT.NO
MO - FR 11-23 UHR; SA 12-23 UHR

Seit über siebenhundert Jahren fällt der Schnee auf Türme und Gräber des Schlosses auf der Festung Akershus. Ja, über siebenhundert Jahre ist es her, dass sich König Håkon V. für eine Burg auf der Landzunge Akershus ent-

schied. Seitdem haben sowohl das Schloss als auch die Festung vierhundert Jahre dänische, fast hundert Jahre schwedische und fünf Jahre deutsche Herrschaft überlebt. Im Dezember werden alle dunklen Geschichten aus vergangenen Zeiten im Schnee begraben. Kinder laufen voller Erwartung an der Schlosswache vorbei in die inneren Räume des Schlosses, wo ein Hofnarr Jung und Alt zum Lachen bringt. Im großen Romerikssaal ist der Tannenbaum geschmückt. Kinder und Erwachsene gehen um den Baum und singen Weihnachtslieder, viele davon sind deutschen Ursprungs. Der Filmklassiker *Reisen til julestjernen* (»Die Legende vom Weihnachtsstern«) aus dem Jahr 1976 wird im Verteidigungsmuseum gezeigt. Im Museum der norwegischen Heimatfront erfahren die Kleinen vom Leben der Kinder im letzten Krieg. Der Weihnachtsmann kommt natürlich auch zu Besuch, ja sogar mehrere davon. Denn das weiß ja jeder: Der Weihnachtsmann kommt aus dieser Gegend. Seine Rentiere auch.

6

U-BAHN NATIONALTHEATRET

Oslos offenes Rathaus

RÅDHUSPLASSEN 1
TEL. 23 46 18 07
MO - SO 9-16 UHR

TIPP

WIRKLICH GUT INDISCH ESSEN BEI LEUTEN, DIE WISSEN, WO DER PFEFFER WÄCHST:
DER PEPPERN GROR
FRIDTJOF NANSENS PLASS 7
TEL. 40 007 470
WWW.DERPEPPERNGROR.NO

Die Tür ist offen, wir gehen einfach nur hinein. Jeder kann die großartige Rathaushalle betreten. Ein Wächter steht diskret zur linken Seite des Eingangs und betrachtet uns Besucher, wie wir ins politische Herz der Stadt steigen. Diese Stadt, in der am 22. Juli 2011 ein grauenhafter Terroranschlag geschah, besteht hartnäckig auf Offenheit. Mehr Offenheit, mehr Demokratie, so der damalige Staatsminister Jens Stoltenberg, sollte unsere Antwort auf die Bombe im Regierungsviertel und die blutigen Schüsse auf der Insel Utøya sein. Also gehen wir einfach, etwas andächtig vielleicht, durch die Holztür. Die Ausschmückungen im großen Saal sind eine

Art Einführung in die Kunstgeschichte der 1920er und 1930er Jahre in Norwegen. Die Wandmalerei von Henrik Sørensen an der südlichen Wand in Richtung Fjord zeigt die Norweger bei Arbeit und Fest. Zur rechten Seite erzählt der Freskomaler Alf Rolfsen Wandgeschichten vom letzten Krieg. Auf der Westwand, an der Treppe, thront Oslos Schutzheiliger St. Hallvard. Der Bauernsohn Hallvard hatte versucht, eine schwangere Frau vor drei gewalttätigen Männern zu retten. Die Männer töteten ihn mit drei Pfeilschüssen. Die Frau wurde ebenfalls ermordet. Als die Täter feststellten, dass Hallvard der Sohn eines Großbauern war, wollten sie ihn mit einem Mühlenstein um den Hals im See versenken. Sowohl er als auch der Mühlenstein seien aber immer wieder, so die Sage, an die Oberfläche getrieben. Nach diesen Geschehnissen sprachen ihn die damals katholischen Norweger heilig. Einige Jahrhunderte später wurde er sogar ins Stadtwappen von Oslo gesetzt. Da sitzt er immer noch, mit dem Mühlenstein in der einen Hand und den drei Pfeilen in der anderen. Warum die schwangere Frau im Stadtwappen nackt sein muss, ist etwas unklar. Nackt ist sie auch an der Wand im Rathaussaal. Vor diesen Bildern hat der damalige Präsident der USA, Barack Obama, mit seiner Familie gestanden, als er 2009 den

Friedensnobelpreis entgegennahm. Die Zeremonie findet jedes Jahr am 10. Dezember im Rathaussaal statt.
Keiner hindert uns daran, die Treppe in die obere Etage hinaufzugehen. Dort befinden sich noch weitere kleine und kunstvoll ausgestattete, repräsentative Räume. Im Bankettsaal sind König Harald und Königin Sonja auf zwei umstrittenen Gemälden des Künstlers Håkon Gullvåg abgebildet. Der König sieht aus, als käme er direkt aus dem Marvel-Universum, fest entschlossen, die Welt vor dem drohenden Untergang zu retten. Die Königin lacht schlau und zufrieden an seiner Seite. Auffällig ist auch Willy Midelfarts großes Gemälde, auf dem sich an einem warmen Sommertag (schon wieder) nackte Menschen am Oslofjord versammelt haben. Die Unschuld und Sommerfreude, die dieses Gemälde ausstrahlt, ist den Einheimischen nicht abhandengekommen. Der Sommer ist lang in Oslo, besonders am Fjord.
In den zwei Türmen des Rathauses arbeiten etwa 500 Menschen der Osloer Stadtverwaltung. Jede Stunde ertönen 42 Rathausglocken im östlichen Turm. Es fängt immer um sieben Uhr morgens mit Edvard Grieg an. Was danach kommt, ist völlig unvorhersehbar. Die Bevölkerung lässt sich überraschen und freut sich über alles Mögliche, von Prince bis David Bowie.

7

STRASSENBAHNLINIE 19 ODER BUS 21 AKER BRYGGE

Das Astrup-Fearnley-Museum

STRANDPROMENADEN 2
TEL. 22 93 60 60
DI - SO 12-17 UHR; DO 12-19 UHR;
MO GESCHLOSSEN

TIPP

AUF TJUVHOLMEN LIEGT AUCH EIN LAGERHAUS, DAS WIE EIN COMIC AUSSIEHT. DIE 1300 QUADRATMETER GROSSE AUSSENWAND DES GEBÄUDES IST MIT EINEM GEMÄLDE DES POPKÜNSTLERS HARITON PUSHWAGNER AUSGESCHMÜCKT. IN DEN LETZTEN JAHREN VOR SEINEM TOD 2018 ERHIELT ER BESONDERS FÜR SEINE 1969 ENTSTANDENE DYSTOPIE SOFT CITY INTERNATIONALE ANERKENNUNG. EINE GROSSE AUSWAHL SEINER WERKE IST IN DER GALERIE FINEARTS AUF TJUVHOLMEN ZU SEHEN.

GALLERI FINEART
FILIPSTAD BRYGGE 2
TEL. 22 01 24 20
WWW.FINEART.NO
MO - MI 10-18 UHR; DO 10-20 UHR;
FR 10-17 UHR; SA - SO 10-16 UHR

Aker Brygge ist sozusagen der Vorreiter im großen Umbau des Osloer Hafens von Werftindustrie zu Wohnungen, Geschäften und, zum Glück, auch neuen, öffentlich zugänglichen Räumen in der Stadt. Hier flanieren Angereiste aus ganz Norwegen. Alle norwegischen Mundarten, und es sind schon ziemlich vie-

le, scheinen auf diesem sonnigen Kai vertreten zu sein. Die Geschäfte hat man aber auch schon anderswo gesehen, und die besten Restaurants sind wohl auch nicht hier zu finden. Die Perle in dieser Gegend liegt eigentlich nicht auf Aker Brygge selbst, sondern auf dem kleinen Inselchen ganz an der Spitze, wo früher Diebe gefoltert wurden. Hier, auf Tjuvholmen, befindet sich das private Astrup-Fearnley-Museum für Gegenwartskunst. Astrup und Fearnley sind zwei Osloer Familien, die Anfang des zwanzigsten Jahrhunderts ihren Reichtum durch Handelsschifffahrt erworben haben. Das Geld haben die Erben zum Teil in Kunst investiert. 2012 hat das Museum ein Haus auf Tjuvholmen bauen lassen. Der Architekt Renzo Piano wollte einen Ort der meditativen Ruhe schaffen, wo man aber auch andere Menschen auf einen Kaffee treffen und dabei die vorbeigleitenden Segelboote betrachten könnte. Und genau das ist es auch geworden. Eigentlich sind es zwei Gebäude, die durch einen kleinen Wasserkanal voneinander getrennt sind. Das Haus auf der rechten Seite des Ufers zeigt Werke aus der ständigen Sammlung. Allein Anselm Kiefers eindrucksvolles Bücherregal aus Blei ist den Besuch wert. Und wenn die Kuratoren lokale Künstler wie Vibeke Tandberg und Torbjørn Rødland aus ihrer reichen Sammlung hervorholen, macht der Museumsaufenthalt noch mehr Freude. Im anderen Haus sind wechselnde Ausstellungen und häufig Künstler aus dem angloamerikanischen Raum zu sehen.

Junge Mitarbeiterinnen und Mitarbeiter des Museums tragen T-Shirts mit der freundlichen Aufforderung, Fragen zu den ausgestellten Kunstwerken zu stellen. Das tun wir gerne – und bekommen einen enthusiastischen zehnminütigen Vortrag. Die üblichen Museumswärter sieht man kaum.

Im ersten Stock der permanenten Ausstellung stehen Mutter und Sohn, die wortwörtlich eine gespaltene Beziehung zueinander haben: *Mother and Child, Divided* ist ein frühes Werk im Schaffen des britischen Künstlers Damien Hirst: Kuh und Kalb liegen vertikal geteilt und voneinander getrennt in Formalin, sodass die beiden, vielleicht für immer, vor der Verrottung bewahrt sind. Der Besucher kann praktisch zwischen Mutter und Sohn hindurchgehen und die Körper von innen sehen. Nach diesem etwas verstörenden Erlebnis bietet sich die Flucht in das zum Museum gehörende *Kafé Vingen* an. Durch die großen Fenster hat man einen sehr guten Blick auf die Festung Akershus. Von diesem Winkel auf Tjuvholmen aus verstehen wir vielleicht erst so richtig, wie es sich der dänische König Christian im Jahr 1647 vorstellte, die Stadt vor schwedischen Segelschiffen zu schützen: An diesem Ort würde kein Feind an seinen Kanonenkugeln vorbeikommen. Der Standort der Festung an exponierter Stelle zwischen zwei Buchten machte es den Schweden schwer, die Stadt überhaupt zu erreichen. Heute wäre es Christian wahrscheinlich möglich, von der Festung aus sowohl das Museum linkerhand als auch die Oper rechterhand zu verteidigen.

8

U-BAHN NATIONALTHEATRET

Theatercaféen

STORTINGSGATA 24-26
TEL. 22 82 40 50
MO - SA 11-23 UHR;
SO 15-22 UHR

Das zwanzigste Jahrhundert war gerade erst in Gang gekommen, als das *Theatercaféen* seine Türen öffnete. Seitdem ist dieses großartige Café im Wiener Stil nicht mehr aus der Stadt wegzudenken.
Wer am Fenster sitzt, hat eine gute Sicht auf den Kellereingang des Nationaltheaters, wo die Schauspieler und Schauspielerinnen ein und aus gehen. Immer noch, wenn auch nicht so häufig wie früher, finden sie sich nach der Vorstellung im Café ein. Obwohl beispielsweise die Grandes Dames Wenche Foss und Ingerid Vardund das Lokal leider nicht mehr mit ihrer selbstverständlichen Souveränität betreten, schwebt ihr Geist noch im-

mer im Raum (auch an einem regnerischen Abend im November). Warum sind wir nicht mit der Eigenschaft zur Welt gekommen, in verschiedenen Zeiten leben zu können?

An der Wand hängen Zeichnungen von 83 Stammgästen des Hauses. Die Auserwählten sind Künstler, Schriftsteller und Journalisten. Den Großen der Finanzwelt wird nur sehr selten diese astronomische Ehre zuteil, obwohl sie gelegentlich das ganze Haus für ihre Partys und Hochzeiten mieten.

Geld war eben nicht immer das Wichtigste. Hier geht es eher um Flair und Glamour.

An der Speisekarte ist wenig auszusetzen: Das Entrecote ist genauso liebevoll zubereitet wie die dazugehörige Sauce béarnaise. Die Makronen sind göttlich und die Weine ausgesucht.

Das Haus beherbergt auch das Hotel Continental, in dem gerade 59 der 150 Hotelzimmer behutsam renoviert wurden.

In der zweiten Etage betreibt der Chef Ole Jonny Eikefjord das barock angehauchte und ungezwungene Gourmetrestaurant Eik Annen Etage.

Auch die angeschlossene Bar Boman ist eine Neuerscheinung, die aber, wie alles andere hier, historische Wurzeln hat. Ihren Namen hat die Bar von der ersten Besitzerin des Hauses geerbt: Caroline Boman. Caroline Boman besaß auch als Erste das ebenso legendäre Grand Café in der Karl Johans gate. Dort traf die aus Schweden stammende Köchin den Kellner Christian Hansen. Zusammen kauften sie das Theatercafé mit Hotel. Bomans Urenkelin Elisabeth Caroline Brochmann betreibt das Ganze heute weiter mit fester Hand.

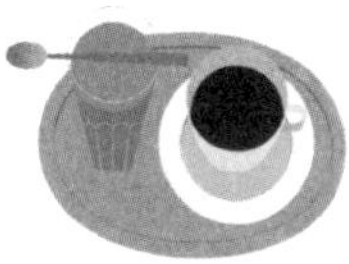

9

STRASSENBAHN PROFESSOR ASCHEHOUGS PLASS
U-BAHN STORTINGET

Das Versteck in der Bibliotheksbar

Wer gesehen werden will, geht ins Theatercafé. Wer sich, aus welchem Grund auch immer, verstecken will, verschwindet in der Bibliotheksbar im Hotel Bristol. Tagsüber findet sich hier ein freundliches Gemisch ein aus Journalisten, die Interviews mit Kulturpersönlichkeiten führen, Rentnerinnen und Rentnern und etlichen Hipstern, die die mondäne Atomsphäre zu schätzen wissen. Die Kellnerinnen und Kellner arbeiten hier alle schon lange und ziehen es vor, wenn wir unseren Herbstmantel bei der Garderobe abgeben.

Eigentlich besteht das Café aus zwei Räumen: einer Bibliotheksbar und dem Wintergarten, die aber nicht getrennt voneinander

BIBLIOTHEKSBAR IM HOTEL BRISTOL
KRISTIAN IVS GATE 7
TEL. 22 82 60 00
TGL. 11-23 UHR

betrachtet werden können. Die Tafelmusik des Pianisten untermalt die leisen Gespräche. Es gibt eine Tageskarte, aber die meisten gehen schnell zu dem aus dem sogenannten *Smørrebrød* bestehenden Buffet. Das Smørrebrød ist eigentlich eine dänische Erfindung, aber es funktioniert auch ausgezeichnet in dieser Umgebung. Geräucherter oder *graved* (frisch gefangener und dann gebeizter) Lachs – das ist die Frage. Ach was! Nehmen wir lieber die Garnelen! Der Kaffee kommt in einem Kännchen aus schönstem Porzellan. Willkommen in der Welt von gestern. Zum Nachtisch bestellen wir ein Stück Napoleon-Torte, die der deutschen Cremeschnitte nicht ganz unähnlich ist. Die Stunden vergehen schnell in solch einer Gesellschaft. Wenn der Tag in den Abend gleitet, bewegen sich die Besucher ins gegenüberliegende Theater. Bei *Det Norske Teatret* werden die Vorstellungen in neunorwegischer Sprache gespielt. Norwegen hat nämlich zwei offizielle Schriftsprachen: Eine Minorität benutzt das von dem norwegischen Sprachforscher und Dichter Ivar Aasen geschaffene *Nynorsk*. Davon versteht der deutsche Besucher natürlich kein Wort, aber es besteht die Möglichkeit, im großen Foyer vorbeizuschauen und ein bisschen von der Stimmung mitzubekommen. Vielleicht gibt es aber auch noch einen freien Tisch im dazugehörigen Restaurant *Løve*? Schauspieler und Intendant versammeln sich häufig am hohen Tisch im Eingangsbereich.

10

U-BAHN STORTINGET

Der Jazztintenfisch auf Karl Johan

NASJONAL JAZZSCENE
KARL JOHANS GATE 35
TEL. 23 89 69 23
MO - DO 19-1 UHR, KONZERT 20 UHR;
FR 20-1.30 UHR, KONZERT 21 UHR;
SA 20-1.30 UHR, KONZERT 21 UHR

TIPP

FÜR LIEBHABER DER ROCKMUSIK:
LAST TRAIN IN DER NÄHE.

LAST TRAIN
KARL JOHANS GATE 45
TEL. 22 41 52 93
WWW.LASTTRAIN.NO
MO - SA 15-3.30 UHR; SO 18-3.30 UHR

Die Karl Johans gate spielt etwa die gleiche Rolle für die Osloer Bevölkerung wie Unter den Linden für die Berliner oder die Champs-Élysées für die Pariser. Die Straße läuft vom Bahnhof zum Schloss und ist nach dem schwedischen König benannt, der auch das Schloss gebaut hat. Es wurde im Oktober 1848 fertiggestellt. Oslos erster Bahnhof sechs Jahre später. In den 1880er Jahren blühte die Straße auf, als der Dramatiker Henrik Ibsen die Karl Johans gate auf dem Weg zu seinem Stammtisch im *Grand Café* überquerte und Munch seine entfremdeten Spaziergänger in seinem reizvollen Gemälde *Abend auf der Karl Johans gate* (1892) malte. Der damals auf-

strebende Maler porträtierte übrigens auch mehrmals den weltbekannten und in die Jahre gekommenen Henrik Ibsen.

Hundert Jahre später hat die Karl Johans gate nichts von ihrer symbolischen Bedeutung verloren. Das Parlament Stortinget, das im Hintergrund von Munchs Gemälde zu sehen ist, steht noch an seinem gewohnten Platz zwischen Karl Johans gate und der Parallelstraße Stortingsgata. Ein bisschen weiter in Richtung Schloss steht dann das Nationaltheater mit Vigelands Skulpturen von Ibsen und seinem Dichterkollegen Bjørnstjerne Bjørnson. Die Werbung des Schokoladenfabrikanten Freia leuchtet immer noch rot auf. Norwegens ältester Zeitungskiosk vor dem Grand Hotel verkauft immer noch Zeitungen. Und immer noch paradieren am 17. Mai die Kinder die Karl Johans gate hinauf und am Schloss vorbei.

Die königliche Hauptstraße wirkt heutzutage, insbesondere in der ersten Hälfte vom Bahnhof aus gesehen, mit ihrer dürftigen Auswahl an Ladenketten, etwas ermüdend. Nach einer Weile will man eigentlich gleich wieder Reißaus nehmen. In dem Moment, wenn sich die ersten Gedanken an eine Fluchtmöglichkeit Gehör verschaffen, taucht die Rettung auf: in Form eines kleinen Lochs in der Wand. Eingeklemmt zwischen Hamburgern und Shakes bei TGI Friday's und Steaks bei der Restaurantkette Egon befindet sich der Eingang zum alten Theater Victoria. Nach und nach hören wir Jazz-Töne aus dem Keller hervorklingen. Aus dem Theater ist eine staatlich geförderte Bühne für Jazz und improvisierte Musik hervorgegangen. Diese Förderung erlaubt es dem Club, auch Neues und Unbekanntes auf den Spielplan zu setzen. Die Kartenpreise sind häufig sympathisch niedrig gehalten. Das Programm ist von absoluten Feinschmeckern zusammengestellt. Sogar völlig unbekannte Duos aus Belgien, bestehend aus Schlagzeug und Piano, hinterlassen unglaubliche Spuren im Kopf des Zuhörers. Die alte Generation des nordischen Jazz aus den Sechzigern und Siebzigern, beispielsweise vertreten durch den Bassisten Arild Andersen, den Schlagzeuger Jon Christensen oder die Sängerin Karin Krog, ist immer noch gelegentlich zu hören, zusammen mit der absoluten Elite internationaler Jazzmusiker wie Chick Corea oder Brad Mehldau.

Die jüngere norwegische Jazzszene ist erstaunlich lebendig und vielfältig. Bands wie Moskus, Skadedyr, Hanna Paulsberg Concept, Gurls oder der Violinvirtuose Ola Kvernberg sorgen für eine ständige Erneuerung der norwegischen Jazzmusik. Anfang August dient das alte Theater als eine Art Mutterschiff für die etwa hundert Veranstaltungen, die während des Osloer Jazzfestivals stattfinden. Das »Mutterschiff« breitet in dieser Spätsommerwoche seine Arme wie ein Jazztintenfisch über der Stadt aus. Ein buntes Publikum findet seine Lieblingsbühne im neuen Kulturhaus *Sentralen*, die Big-Band-Liebhaber treffen sich in *Stortorvets Gjæstgiveri*, Avantgardisten im Club *Blå*, die Alternativen trinken ihr Bier für weniger bei der »Raumstation« *Mir*. Etwa zur gleichen Zeit versammeln sich diejenigen, die sich für Pop, Rock, House und Hiphop interessieren, beim populären *Øya*-Festival – aber das ist eine andere Geschichte.

11

STRASSENBAHN 11 HOMANSBYEN

Das Haus der Künstler

KUNSTNERNES HUS
WERGELANDSVEIEN 17
DI - SO 11-17 UHR; DO 11-19 UHR;
MO GESCHLOSSEN

TIPP

DIE WEISSE PIZZAVARIANTE IM »HAUS DER KÜNSTLER« MIT RENTIER UND GRANATAPFEL NIMMT UNS GEDANKLICH ZU ABGELEGENEN NORDNORWEGISCHEN STEPPENLANDSCHAFTEN MIT, WO DIE SONNE NIEMALS UNTERGEHT.

Historisch gesehen ist Wergelandsveien *die* Straße in Oslo, und *Kunstnernes Hus* – das »Haus der Künstler« – *das* Haus. Seit der Eröffnung 1930 sitzen hier Künstler und Publikum wie bunte Paradiesvögel beisammen. Hier wird geschwatzt! Generationen von Kindern haben schon auf den zwei Löwen des Bildhauers Ørnulf Basts getobt. Und im Café werden außergewöhnliche Pizzen verkauft (siehe Tipp).

Wenn der Sommer entschwindet, kommen die Osloer aus dem Urlaub zurück und treffen sich hier wieder zur jährlichen Herbstausstellung, bei der eine Jury eine Auswahl eingeschickter Werke vorstellt. Hier kom-

men sowohl Amateure als auch Profis zum Zuge, und die Auswahl wird immer scharf kritisiert, sie ist aber wie keine andere Ausstellung bei der Bevölkerung beliebt und immer gut besucht. Wem das notwendige Kunstinteresse fehlt, der kann die Herbstsonne auf der Terrasse genießen. Von hier aus hat man einen schönen Ausblick auf den geheimnisvollen Schlosspark. Das größte Geheimnis ist »die Grotte«, das Zuhause des romantischen Dichters Henrik Wergeland und seiner Frau Amalie Sofie. Hinter den vielen Bäumen (es gibt dort 24 verschiedene Arten, darunter Birken, Ahorne, Ulmen und Weißdorne) liegt das Haus im Schweizerstil. Vor seinem allzu frühen Tod im Alter von 38 Jahren hat Wergeland es geschafft, den 17. Mai, Feiertag in ganz Norwegen (abgesehen von Bergen), zu verändern. Er hat den Nationalfeiertag, an dem wir Norweger eigentlich das Grundgesetz von 1814 feiern, von einem Fest der (besoffenen) Bürger in ein Fest der Kinder verwandelt. Abertausende von Schülerinnen und Schülern der Osloer Schulen ziehen jubelnd durch den Stadtkern und winken dem König, der Königin, dem Kronprinzen und der Kronprinzessin sowie ihren gemeinsamen und nicht gemeinsamen Kindern zu.

Ein halbes Jahrhundert nach Wergelands Tod hat die Stadt die Grotte erworben und daraus eine Wohnstätte für jeweils einen auserwählten Künstler gemacht: Der Komponist Christian Sinding ist vor dem Krieg als Erster eingezogen. Damals war er einer der berühmtesten Komponisten seiner Zeit, nicht zuletzt in Deutschland, seiner zweiten Heimat, wo sein Werk *Frühlingsrauschen* immer wieder aufgeführt wurde. Als Norwegen 1940 im Frühling von deutschen Truppen besetzt wurde, wurde der achtzigjährige Komponist plötzlich zum Vorzeigekünstler des Naziregimes. Das ist wohl der Grund, weshalb seine Werke bis zum heutigen Tag selten in Norwegen zu hören sind.

Der gegenwärtige Bewohner Grottens ist der für seine Dramen international bekannte Dichter Jon Fosse. Das Haus ist heute das einzige Privathaus in der Straße und wird von der Bevölkerung aus Ehrfurcht gemieden. Ein spontaner Besuch bei dem schüchternen Dichter würde einen gewaltigen Bruch mit Takt und Ton der Osloer bedeuten. Lieber spazieren wir durch den Park und betrachten die Ablösung der Schlosswache. Die Jungs, die da stehen, lächeln nur selten, sind aber wohl stolz darauf, zur königlichen Garde auserwählt worden zu sein.

12

BUS HAMMERSBORGGATA
STRASSENBAHN BRUGATA

Zu Gast bei Arakataka

MARIBOES GATE 7B
TEL. 94 16 53 91

TIPP

UNBEDINGT BEI KULTURHUSET VORBEISCHAUEN. IN DEN ZAHLREICHEN RÄUMEN IST IMMER ETWAS LOS. JAZZBRUNCH JEDEN SAMSTAG UM 13 UHR.

KULTURHUSET
YOUNGS GATE 6
WWW.KULTURHUSETIOSLO.NO

Das Restaurant *Arakataka*, nach der Geburtsstadt des lateinamerikanischen Autors Gabriel García Márquez ernannt, hat die wunderbare Begabung, alle möglichen Trends und Pandemien zu überstehen. Es ist immer voll. Immer gut. Augenblick, verweile doch, du bist so schön! Aber es ruft das Nachtleben. Wir befinden uns ja in einer Seitenstraße zur Ausgehmeile Torggata. Es gibt also eine Vielzahl guter Argumente dafür, die Nachbarschaft auszukundschaften. Es trommelt in der Nacht. Die Bars und Clubs wechseln ständig. *Kafé Hærverk* konserviert die Stimmung des Osloer Nachtlebens der achtziger Jahre. Oder war es die Stimmung in den Berliner Knei-

pen der neunziger Jahre? *Sentrum Scene* und *Rockefeller*, zwei der großen Konzertbühnen in der Stadt, sind hier in der Gegend zu finden. In den Querstraßen gibt es eigene Schach- und Flipperkneipen. Außerdem Imbisse, wo man Ramen (japanische Nudelsuppe) essen kann und natürlich welche, die Bulette im Brot im Angebot haben – weltweit besser bekannt als Hamburger. Die Ausgeh-Variante bekommt man bei *Illegal Burger* in der Møllergata. Das Kulturhaus *Kulturhuset* hat sich in ein ganzes Viertel eingenistet – in einer so geschickten Art und Weise, dass die Architekten einen Preis dafür bekommen haben. Mit Einbruch der Dunkelheit versammeln sich die Nachtgestalten in der autofreien Torggata und fragen sich: Wohin?

13

STRASSENBAHN 18 ODER 19 BISLETT

Die Kaffeerösterei unter dem Lindenbaum

KAFFEBRENNERIET AVD THERESESGATE
THERESES GATE 35B
TEL. 95 26 26 61
MO - FR 7-19 UHR; SA 8-18 UHR;
SO 9-18 UHR

Unter dem großen Lindenbaum an der Ecke Thereses gate und Pilestredet hat man die vollständige Übersicht über das bunte Treiben im Stadtteil Bislett.

Wärmelampen sorgen für eine erweiterte Draußen-Saison der Tische und Stühle in der kälteren Jahreszeit. Die blauen Straßenbahnlinien 18 und 19 verkehren zwischen Ekeberg und Nordstrand im Südosten und der Universität Blindern im nordwestlichen Teil der Stadt. Zur rechten Seite führt ein kleiner Fußweg an der Fagerborg-Kirche vorbei zum Stenspark – ein Aussichtspunkt des Stadtteils.

Die Kaffeerösterei *Kaffebrenneriet* ist hier seit 1994 ansässig, also zu einer Zeit eingezogen,

als sich in dieser Stadt eigentlich noch niemand besonders für Kaffee interessierte. Der junge Student Thomas Pulpan hatte aber einen längeren Aufenthalt in San Francisco hinter sich und wusste, dass es durchaus möglich war, Kaffee zur Hauptattraktion einer gastronomischen Einrichtung in der norwegischen Hauptstadt zu machen.

Hier in Bislett hat der architektonische Funktionalismus die Oberhand. Den absoluten Mittelpunkt bildet das Bislett-Stadion, wohin die Osloer im Winter in Scharen pilgerten, um die besten Eisschnellläufer der Welt zu sehen. Hier gewann Hjalmar »Hjallis« Andersen bei den Olympischen Winterspielen 1952 drei Distanzen. 1988 ist der Eisschnelllauf in die überdachten Sporthallen gezogen.

Kaum jemand hat die Stadt Oslo mit so vielen schrägen Hommagen versehen wie der 1939 geborene Lyriker Jan Erik Vold. Dem Thema Schlittschuhlaufen hat er sogar ein eigenes Buch gewidmet. Ein ganzes Buch über diesen »komischen Zirkelsport«, bei dem Männer und Frauen in dünnen Trikots und graziös wie Tänzerinnen und Tänzer über das Eis gleiten.

Die Erinnerungen an die alten Zeiten, als jeder Osloer die Wettkampfzeiten der berühmtesten norwegischen Eisschnellläufer auswendig konnte, leben an diesem Ort fort.

Ekeberg und Gamle Oslo

14

BUS 34 BRANNFJELLVEIEN

Munchs Aussichtspunkt

EKEBERGPARKEN

TIPP

AUSSICHT MIT WEIN FÜR LIEBHABER DES FUNKTIONALISMUS IM EKEBERG-RESTAURANT.
KONGSVEIEN 15
STRASSENBAHN 19 EKEBERGPARKEN
WWW.EKEBERGRESTAURANTEN.COM
MO - SA 11-23 UHR; SO 12-21 UHR

In der nordischen Mythologie ist Walhall die große Stube, in der sich die gefallenen Krieger fast bis zu Tode saufen – nach ihrem Tod, versteht sich. Die Straße Valhallveien führt uns nicht zu überirdischen Partys, aber zu einem Ort, den wir aus Millionen von Reproduktionen weltweit schon kennen: *Der Schrei* wurde 1898 in Berlin gemalt. »Inspiriert wurde das Gemälde von diesem Ort«, steht es auf zwei etwas gealterten Plaketten.

Kurz vor der Abreise nach Berlin war Munch hier mit zwei Freunden zu einem Abendspaziergang verabredet. Was dann geschah, hat er mehrmals und zu verschiedenen Zeiten in seinen schwarzen Notizbüchern fest-

gehalten, beispielsweise in einer Eintragung aus dem Jahr 1910:
»Es war eine Zeit, in der das Leben meine Seele aufriss. Die Sonne ging unter, als würde sie ins Meer eintauchen. Dann war es, als ob ein blutiges Flammenschwert durch den Himmel schnitt (...) Es fühlte sich an wie ein entsetzlicher Schrei, und ich hörte tatsächlich einen Schrei ...«
Jetzt stehen wir an ebendiesem Ort. Vielleicht färbt die Sonne den Himmel rot, vielleicht auch nicht. Munch ging es sowieso eher um innere Gemütszustände. Die Aussicht über die Stadt ist allerdings genauso strahlend wie früher. Nur anders. Das Schloss, das Rathaus und die Skisprungschanze in Holmenkollen leuchten in der Ferne. Vor unseren Füßen liegt das größte Stadtentwicklungsprojekt der Nachkriegsgeschichte. Mit der Verwandlung des alten Hafengebietes Bjørvika wendet sich die Stadt wieder zum Fjord. Der alte Containerhafen ist jedoch noch da. Ansonsten ist die alte Werftindustriegegend mittlerweile durch teure Wohnungen, Arbeitsplätze der Spitzenverdiener, die Oper, ein Munch-Museum und eine neue Stadtbibliothek ersetzt worden. Ob sich die neue »Hafenpromenade« Bjørvika zu einem lebendigen Stadtviertel entwickeln wird, steht noch in den Sternen.
Lebendiger ist es aber zweifelsohne hier auf Ekeberg gewor-

den. Der Ekeberg-Park galt lange als Geheimtipp unter den Nachbarn in der Gegend. Dann renovierte der wohlhabende Geschäftsmann Christian Ringnes 2013 das alte Restaurant und ließ drumherum einen Skulpturenpark errichten. Das Projekt war von Anfang an etwas umstritten. Wozu braucht man eigentlich Kultur in der Natur? Aber nicht nur Skulpturen sind hier zu sehen, es gibt auch einiges zu hören. Aus Lautsprechern flüstern uns Männerstimmen verschlüsselte Botschaften ins Ohr. In vielen Sprachen geben Tafeln reichlich Informationen zu den Kunstwerken. Auf ihnen sind auch die Pfade verzeichnet, was sehr hilfreich ist, denn dieser Park hat etwas Labyrinthisches. Wir werfen uns natürlich gerne ins Kunst-Spektakel! Aber wie? Und wo? Hinter der Munch-Tafel läuft ein kleiner, kaum sichtbarer Wanderweg. Dieser Weg liegt außerhalb des Skulpturenparks und ist aus diesem Grund nicht auf der Karte verzeichnet. Wer diesem Weg (schräg links) folgt, landet direkt bei einer interessanten Installation der serbischen Performance-Künstlerin Marina Abramović: Sie ließ hier einen Stahlrahmen in einen Stein hauen und versah das Ganze mit der Aufforderung, so laut wie möglich zu schreien, um damit aufgestaute Gefühle loszuwerden. Das entspricht nicht ganz der Natur der Norweger: Wir tragen unsere Ängste und Sehnsüchte eher im Inneren, bis uns eventuell ein außergewöhnliches Kunstwerk gelingt.

15

Die Munitionsfabrik im Urwald

KRUTTVERKET
ARNLJOT GELLINES VEI 41 B
MI, DO 12-22 UHR; FR 12-1 UHR;
SA 11-1 UHR; SO 11-22 UHR;
MO, DI GESCHLOSSEN

FUGLEN COFFEE ROASTERS
ST. HALVARDS GATE 33
WWW.FUGLENCOFFEE.NO
MO, DI 7-18 UHR; MI 7-20 UHR;
DO, FR 7-24 UHR; SA 9-24 UHR;
SO 9-18 UHR

ZZ PIZZA
ST. HALVARDS GATE 33
WWW.ZZ.PIZZA
MI-FR 16-22 UHR; SA 15-22 UHR;
SO 15-21 UHR

TIPP

BEI ZZ PIZZA »CHILICHEESE« MIT ITALIENISCHEM TALEGGIO-KÄSE PROBIEREN!

An der U-Bahn Station Brynseng steigen wir aus. Die Stadt liegt zu unseren Füßen. Wir suchen den alten Wanderweg, der schon vor fast hundert Jahren – 1929 – von Stadtplaner Harald Hals konzipiert wurde. Das Rauschen des kleinen Flusses Alnaelva wird noch vom Verkehr übertönt. Aber das Auto ist auch in dieser kleinen Großstadt im Begriff, seine Vorreiterrolle zu verlieren. Statt Straßen entste-

hen immer neue Fahrradwege. Und die alten Wanderwege von Harald Hals werden ausgebaut und erweitert. Wir folgen dem Wanderweg D10 flussabwärts. Er führt aus der städtischen Umgebung hinein in einen uralten Waldbestand. Und nach einer Viertelstunde sind wir am Ziel: Die alte Munitionsfabrik Kruttverket galt lange unter den Nachbarn als Geisterhaus. Im ersten Stock war der Rockerklub Bandidos eingezogen. Dann wurde das ganze Grundstück an einen Investor verkauft, der ein Hochhaus errichten wollte. Für den Erwerb stellte die Stadt jedoch den Bau eines Kulturzentrums für die Lokalbevölkerung als Bedingung. Das Ergebnis ist rundweg positiv für die ganze Stadt. Sonntagabends spielt ein Jazztrio im Café. Dass man sich hier ein bisschen versteckt fühlt, trägt zum Erfolg bei, glauben die Mitglieder des Künstlerkollektivs, die das Kulturzentrum mit vollem Einsatz betreiben. Sie haben ihre Ateliers und Werkstätten im benachbarten Gebäude. Der Saunatrend hat auch diese Gegend erreicht: Erstmal in die Sauna und danach ein Bier im Café Kruttverket? Oder wie wäre es mit einem Bier in der Sauna? Beides ist möglich. Das Programmkino – Weard and Wonderful – ist ebenfalls eingezogen. Sonntags ist oft Flohmarkt. Privatinitiative und enthusiastischer Einsatz werden hier begrüßt. Die entspannte Stimmung breitet sich auf dem ganzen Gelände aus. Wenn die teuren Wohnungen im benachbarten Hochhaus fertig werden – was passiert dann mit der Atmosphäre? Das wird sich zeigen. Nach ein paar Stunden wandern wir weiter flussabwärts und befinden uns ab dann in Svartdalsparken – einem Stück Urwald mitten in der Stadt. Wer gut zu Fuß ist, geht Richtung Oper in Bjørvika. Oder man geht zu ZZ Pizza oder zur benachbarten Kaffeerösterei Fuglen – und nimmt den Bus für das letzte Stück.

16

STRASSENBAHN 18 ODER 19 ST. HALVARDS PLASS

Das mittelalterliche Zentrum Oslo Torg

TIPP

DIE VIBRATIONEN DES HEUTIGEN STADTTEILS GAMLEBYEN GENIESST MAN AM BESTEN BEI DEN KAFFEEBESESSENEN BARISTAS IM KAFÉ STOCKFLETHS AN DER ECKE ZWISCHEN SCHWEIGAARDS GATE UND OSLO GATE.

STOCKFLETHS GAMLEBYEN
MUNKEGATA 2
STRASSENBAHN 19 MUNKEGATA
TEL. 40 09 23 67
WWW.STOCKFLETHS.AS

Die eher melancholisch Veranlagten würden vielleicht behaupten, dass Oslo keine Altstadt hat, sondern nur eine Kreuzung. Zwar heißt der Stadtteil Gamlebyen, »die Altstadt«, aber das mittelalterliche Oslo liegt tatsächlich zu Teilen unter Eisenbahnlinien begraben. Hier, zwischen Oslogata und Bispegata, landen wir, mit etwas Phantasie, mitten im 14. Jahrhundert – und zwar an dem Ort, an den Geschäftsleute sogar aus Schweden kamen, um ihre Ware zu verkaufen. Der Ausbau des Schienennetzverkehrs im späten 19. Jahrhundert ist sowohl als Fluch als auch als Segen für diese mittelalterliche Stadt zu werten. Denn unter dem Schienen-

netz wurde die alte Stadt »konserviert« – wie ein Pompeji des Nordens sozusagen. Heute fahren Radfahrer aus den äußeren Stadtteilen in (zu) hoher Geschwindigkeit vorbei, in Richtung Oper und Stadtmitte. Die Straßenbahn fährt vom Ekeberg-Plateau hinunter, hält vor einigen alten Ruinen und setzt ihre Reise zum bunten Stadtteil Grønland fort.

Die Ruinen hinter der Haltestelle sind das einzige sichtbare Zeugnis der St.-Hallvard's-Kathedrale, der Domkirche, in der Oslos mächtiger König Håkon, der fünfte Magnusson, im Jahr 1319 die zehn Jahre jüngere Euphemia aus Rügen heiratete. Euphemia war die jüngste Tochter des Fürsten Witlaw des Zweiten. Sie war eine gebildete Frau und in Einklang mit den Sitten der großen europäischen Fürstenhäuser erzogen worden. Im Gepäck hatte sie die damals angesagten Ritterromane der Zeit. Später sorgte sie dafür, dass diese ins Schwedische übersetzt wurden. Ihr Ehemann hatte seit dem Tod seines Bruders das ganze norwegische Reich in seiner Hand. Als er seine Königin aus Rügen holte, hatte Oslo neun Kirchen und vier Kloster – eines davon auf der Insel Hovedøya. Håkon war ein zutiefst gläubiger Mann, und er teilte die Macht im Land mit der katholischen Kirche. Der Bischofshof liegt praktisch unter dem barocken Herrenhaus *Oslo Ladegård*, wo es im Sommer ein Café gibt, das richtig gute Pizzen verkauft. Die Ruine des Bischofshofes ist immer noch im Keller des Hauses zu sehen.

Wer den Radlern in Richtung Stadtmitte und Oper hinterherläuft, hat einen schönen Blick auf das neue Hafengebiet Bjørvika. Auf der linken Seite taucht dann der sogenannte Mittelalterpark auf. Hier standen das Schloss von Håkon und Euphemia und die dazugehörige Marienkirche, in der die beiden begraben wurden. Ihre Gebeine wurden bei einer Ausgrabung gefunden. Euphemias Schädel befindet sich jetzt im königlichen Mausoleum auf der Festung Akershus. Der Wasserspiegel im Mittelalterpark wurde zum Jubiläum 2014 erhöht, um zu zeigen, wo das Ufer des mittelalterlichen Oslos lag. In den letzten Jahren führten die Arbeiten an einem doppelspurigen Eisenbahntunnel zu weiteren Ausgrabungen, bei der neue Schichten der mittelalterlichen Stadt zum Vorschein kamen.

Mit Håkons Tod wurde auch das selbstständige Norwegen begraben. Das mittelalterliche Zentrum um den Markt Oslo Torg verschob sich langsam in Richtung Norden, bis ein großer Brand 1624 dem dänischen König den Vorwand lieferte, die Stadt zu einer Garnisonsstadt um die Festung Akershus zu verwandeln. Zu diesem Zeitpunkt war das Mittelalter natürlich längst vorüber. Ein großes Wandgemälde an einer Hauswand erinnert den vorbeifahrenden Radfahrer an die Zeit, als Oslo von einer deutschen Königin regiert wurde.

17

U-BAHN 1, 2 3, 4 ENSJØ
BUS 60 KAMPEN KIRKE

Der Esel auf dem Kinderbauernhof

KAMPEN – ÖKOLOGISCHER KINDERBAUERNHOF
SKEDSMOGATA 23
TEL. 47 22 19 70 71
WWW.KAMPENBARNEBONDEGARD.COM
DI, DO 17–19 UHR; SO 11–16 UHR;
MO, MI, FR, SA GESCHLOSSEN

KAMPEN BISTRO
BØGATA 21
WWW.KAMPENBISTRO.NO
MO – SA 15–21 UHR; SO 13–21 UHR

TIPP

KAMPEN BISTRO IST DER GROSSE TREFFPUNKT IM KIEZ. DORT LEISTEN SICH DIE KAMPIANER EIN FISCH- ODER FLEISCHGERICHT MIT GUTEM WEIN, WENN ETWAS BESONDERS GEFEIERT WERDEN SOLL. ODER SIE TREFFEN SICH EINFACH AUF EIN BIER IN DER BAR.

Der Esel »Tussi« platzt plötzlich in die Stille des Kinderbauernhofs im Stadtteil Kampen. Dreimal in der Woche öffnet der Hof mitten in der Stadt. Die Hühner liefern die Eier zu den Waffeln in der Waffelbude. Kleine Norweger laufen zwischen den Tieren umher. Die Eltern sitzen herum und quatschen. Sonst steht der Bauernhof den Schülern und Kindergartenkindern aus der Gegend zur Verfügung. Nicht zuletzt Kinder, die sich nicht mit der Schule oder organisiertem Sport

zurechtfinden, dürfen hier mithelfen. Kampen liegt auf einem Hügel in der Stadt. Die Straßenbahn fährt nicht mehr, dafür aber der Bus Nummer 60. Er hält vor der Kirche, auf dem Thorbjørn-Egners-Platz. Egner, der bekannteste Kinderbuchautor Norwegens, ist hier groß geworden. Das Dorf Kardemomme in seinem auch auf Deutsch erhältlichen Klassiker *Die Räuber von Kardemomme* hat er teilweise auf Basis seiner Kindheitserlebnisse auf Kampen erschaffen, teilweise aufgrund der Erfahrungen, die er im marokkanischen Dorf Essaouira im Westen von Marokko gemacht hat. In die vielen – zu Egners Zeiten – Kleinbetriebe sind inzwischen Menschen eingezogen. Ein Haus oder eine Wohnung ist sehr begehrt, und die Kampianer ziehen nur ungern fort. Sie bleiben lieber in ihren etwas zu kleinen Wohnungen, radeln in hoher Geschwindigkeit auf ihren Fahrrädern am Morgen zur Arbeit und klettern wie Schildkröten die Straßen wieder hoch, wenn der Arbeitstag zu Ende ist.

Nicht zuletzt wegen der geographischen Lage auf dem Hügel hat man das Gefühl, in einem Dorf gelandet zu sein. Ganz oben auf dem Hügel liegt *Kampen park*. Von dort aus sieht man die ganze Stadt und den Fjord. Eine Treppe führt wieder hinunter zum benachbarten Stadtteil Tøyen. Dann ist man wieder »im Kessel«, wie die Osloer sagen. Der Osloer Kessel, oder norwegisch: *Oslo-gryta*. Wir sind wieder in dieser seltsamen Stadt, die keiner verlässt, ehe er von ihr gezeichnet worden ist, wie der Autor Knut Hamsun in seinem Roman *Hunger* im Jahr 1890 schrieb. Seitdem ist die Stadt freundlicher und reicher geworden. Sie freut sich auf Besuch.

18

BUS 20 MUNCHMUSEET

Das geheime Leben im Botanischen Garten

NATURHISTORISCHES MUSEUM – BOTANISCHER GARTEN
SARS GATE 1
TGL. 7–21 UHR
WWW.NHM.UIO.NO

Im Botanischen Garten leben nicht nur die Bäume ein geheimes Leben. Auch die etwa 35 000 hier vertretenen Pflanzenarten werden von den Wenigsten wahrgenommen. Die Nachbarn freuen sich über diese Oase in der Stadt, sind aber ein bisschen überwältigt von der Vielfalt, die die Natur immer noch zu bieten hat. Auch die Gebäude haben etwas Geheimes. In ihnen verbergen sich unter anderem das zoologische und das geologische Museum.

Das zoologische Museum beherbergt seit 2009 das Fossil eines uralten Halbaffen. Das angeblich 47 Millionen Jahre alte Fossil wurde ursprünglich 1983 in Darmstadt von einem Hobby-

Paläontologen gefunden, wurde aber 24 Jahre geheim gehalten, bis eine Gruppe von Wissenschaftlern um den Norweger Jørn Hurum das Fossil für 4,5 Millionen Kronen erstand. Hurum taufte den alten Affen »Ida«, nach seiner Tochter. Das hat sich als genial für Werbezwecke erwiesen: Ida ist heute das mit Abstand prominenteste Fossil im Museum. Nicht nur Ida, sondern der ganze Ort hat etwas charmant Altmodisches.

Der Botanische Garten wurde im Schicksalsjahr 1814 begründet, als die Norweger bei einer sehr berühmten Sitzung auf Eidsvoll ihr Grundgesetz beschlossen. Das älteste Gebäude *Tøyen hovedgård* ist das Zentrum des Gartens und beheimatet heute ein Café, wo man sich mit Brot, Suppe oder Kuchen stärken kann. In den Sommermonaten herrscht eine eigenartige Ruhe hier unter den großen Bäumen, deren Namen wir sowohl auf Norwegisch als auch auf Latein erfahren. Von diesem Punkt aus kann man sich in verschiedene Richtungen bewegen – zu den verschiedenen Gärten im Garten. Es empfiehlt sich ein Ausflug zu *Osloryggen*, dem »Osloer Rücken«, wo die am Oslofjord üblichen Blumen zu sehen sind. Im Frühjahr blühen hier *blåveis* (Leberblümchen), *kubjelle* (Wiesen-Kuhschelle), *hvitveis* (Buschwindröschen), *marianøkleblom* (echte Schlüsselblumen) und *lil-*

jekonvall (Maiglöckchen). Wer genau hinsieht, entdeckt vielleicht auch *bergfruen* (Strauß-Steinbrech). Diese Blume wurde in den dreißiger Jahren zur Nationalblume Norwegens gekürt.

Im Besucherzentrum finden wir Informationen und Karten, die hilfreich sind für die Orientierung.

Frogner

19

U-BAHN NATIONALTHEATRET

Ibsen geht spazieren

IBSEN-MUSEUM
HENRIK IBSENS GATE 26
TEL. 40 02 36 30
15. MAI BIS 14. SEPT. TGL. 11-18 UHR; 15. SEPT. BIS 14. MAI TGL. 11-16 UHR, DO 11-18 UHR; 1. JAN., 1. MAI, 17., 24., 25. UND 31. DEZ. GESCHLOSSEN

Als sich Henrik Ibsen nach 27 Exiljahren in Deutschland und Italien für eine Achtzimmerwohnung unweit des Schlosses in Oslo entschied, hatte er noch elf Jahre seines Lebens vor sich. Zu diesem Zeitpunkt hatten ihm Stücke wie *Die Stützen der Gesellschaft*, *Nora oder Ein Puppenheim*, *Gespenster*, *Ein Volksfeind* oder *Die Wildente*, um nur eine Auswahl zu nennen, zu Weltruhm verholfen. Ibsen war bereits zu Lebzeiten eine Ikone. Literaturtouristen standen schon damals – wie heute noch – in großer Zahl vor seiner Haustür.

In der ersten Etage des Ibsen-Museums zeichnen Texte, Fotos, Gemälde und alte Fernsehdramen sein Leben nach. Ein Stock-

werk höher befindet sich die Wohnung mit den acht Zimmern und zeigt unter anderem die Original-Badewanne des Dramatikers und seiner Frau Suzannah, die jahrelang als Kuhtränke auf einem Bauernhof etwa zehn Kilometer außerhalb Oslos diente. Die Räume sind mit Möbeln, die nur zum Teil zu Ibsens Haushalt gehörten, ausgestattet. Etwas von der Patina der Wohnung ist wohl mit dieser Rekonstruktion der Räume verlorengegangen. Aber einen Eindruck von der Wohnung von damals, wo es laut Zeitzeugen nicht besonders gemütlich gewesen sein muss, bekommt man schon.

Wenn das Wetter schön ist, aber eigentlich bei jedem Wetter, ist es schwer, der Versuchung zu widerstehen, Ibsen auf seinem täglichen Spaziergang zu seinem Lieblingscafé zu folgen. Wir starten außerhalb der Wohnung, in der heutigen Henrik Ibsens gate. Eine Statue lädt zu Selfies ein. Auf dem Bürgersteig zeigen uns Zitate aus seinen Dramen den Weg. Jeden Tag um 11.30 Uhr ist er losgegangen – mit Hut und Stock. Er ging am Nationaltheater vorbei, wo heute eine Statue von ihm (und eine von Bjørnstjerne Bjørnson) vor dem Eingang steht und wo jedes Jahr ein Ibsen-Theaterfestival mit Stücken fast ausschließlich von ihm stattfindet. Dann über den Studentenhain (*Studenterlunden*) bis zur Karl Johans gate und weiter an der Uni vorbei. Dort blickte er kurz auf die Uhr. Dann, pünktlich um 12 Uhr, trat er ins Grand Café ein, wo sein Tisch auf ihn wartete. Die Kellner kamen mit Zeitungen und Bier aus Deutschland. Vielleicht sehen wir ihn da sitzen, wie auf der Zeichnung von Valentine Green aus dem Jahr 1899. Freundlich blickt er von der Zeitung auf. Das weiße Haar wie eine Löwenmähne um ihn herum. Dort blieb er dann eine Stunde. Um 14.30 Uhr kam er wieder nach Hause, denn dann gab es eine heiße Mahlzeit für die Berühmtheit, die 1909 starb.

20

STRASSENBAHN 12 FROGNER PLASS

Das Vigeland-Museum

NOBELS GATE 32
TEL. 23 49 37 00
DI - SO 10-17 UHR; MO GESCHLOSSEN

TIPP

WER DAS VIGELAND-MUSEUM BESUCHT, SOLLTE UNBEDINGT AUCH SEINE 300 QUADRATMETER GROSSE PRIVATWOHNUNG BESICHTIGEN. DAFÜR MUSS MAN SICH ALLERDINGS VORHER ANMELDEN.

Der Bildhauer Gustav Vigeland ist *der* große Geschäftemacher der norwegischen Kunstgeschichte. Die Stadt Oslo hatte ihm 1924 ein prächtiges Haus gebaut, das ihm als Studio und Wohnort dienen sollte. Im Gegenzug sollten seine Werke nach seinem Tod in den Besitz der Stadt übergehen, sein Studio sollte ein Museum werden. Er und seine vierzehn Mitarbeiter arbeiteten an einem umstrittenen Großprojekt: einem ganzen Park voller nackter Skulpturen. Der Park wurde erstmals ein paar Monate nach dem Ende der deutschen Besatzung im Mai 1945 eröffnet. Der Park, wie er von Vigeland geplant war, war zu diesem Zeitpunkt jedoch

noch nicht fertig. 1943 starb der Künstler. Erst 1949 war die Anlage einigermaßen vollständig. Aus dem ursprünglichen Plan, einen Brunnen zu bauen, ist ein Touristenmagnet geworden, der als »größter Skulpturenpark der Welt, der von nur einem einzigen Künstler gestaltet worden ist«, beworben wird. Wer in Oslo zu Besuch ist, kommt an Vigelands Skulpturen nicht vorbei. Die Größenordnung des ganzen Unterfangens, so wie es sich der Künstler in seinen Skizzen zunächst vorstellte, führte zu jahrelangen Debatten in den norwegischen Zeitungen.

Das Ergebnis des Projekts gibt an sich genug Grundlage zur Interpretation: Sechs Giganten halten das Brunnenfass. Um sie herum sind Männer und Frauen angeordnet, junge und alte, verschlungen mit Bäumen. Was soll das alles bedeuten? Nach dem Brunnen kam die Idee eines Parks – alles im Detail von Vigeland geplant. Sogar die nackten Frauen aus Schmiedeeisen im Eingangstor hatte er so vorgesehen.

Der kleine Star des Parks ist das böse Kind *Sinnataggen*. Allen Eltern wird dieses wutverzerrte Gesicht bekannt vorkommen. Sinnataggen steht auf der Brücke, die Männer und Frauen in verschiedenen Lebensphasen und Stimmungen porträtiert. Hier ist auch ein Mann zu sehen, der vergebens versucht, vier Kinder loszuwerden – was wiederum an den Künstler selbst erinnert, der jeden Kontakt mit seinen zwei Kindern verweigerte. Auf einem Hügel steht der Monolith, der wiederum aus nackten Menschen besteht. Einer davon soll Vigeland selbst sein.

Was vielleicht am eindrucksvollsten ist, sind nicht so sehr die Skulpturen selbst als vielmehr die Ambitionen, die dahinterstecken. Diese in der Spätphase des Künstlers entstandenen Figuren sind etwas dick geraten, und Vigeland hatte es, trotz seines fast übermenschlichen Arbeitspensums, immer eilig.

Im Museum sind noch wesentlich interessantere Skulpturen aus dem Frühwerk zu sehen, wie zum Beispiel *Die Verbannten* aus dem Jahr 1891. Dieses rührende Gesellenstück stellt den biblischen Kain und seine Familie auf der Flucht dar, steht aber für alle flüchtenden Familien, zu allen Zeiten.

Im Museum sind auch die Büsten der damaligen »Promis« zu bestaunen: Edvard Grieg, Bjørnstjerne Bjørnson und Henrik Ibsen sind vertreten. Viele Skulpturen wirken überraschend lebendig, wie beispielsweise Beethoven, wie er da mit geballtem Fäustchen und natürlich nackt im stillen Innenhof steht. Aasta Hansteen, Feministin der ersten Stunde, steht nicht hier, sondern im Nationalmuseum. Die alte Dame hat sich im Gegensatz zu vielen anderen gut mit Vigeland verstanden. Vigeland porträtierte sie humoristisch dünn, alt und mit Stock.

Im heutigen Museum lebte Vigeland die letzten 14 Jahre seines Lebens mit seiner 32 Jahre jüngeren Frau Ingerid. Die Lampen hat er selbst angefertigt. Kurz vor seinem Lebensende holte er eine noch jüngere Haushälterin ins Haus – somit war es auch mit dieser Ehe vorbei. »Die Beziehung zwischen Mann und Frau zieht sich wie ein roter Faden sowohl durch seine Kunst als auch durch sein Leben«, schreibt seine Biographin Tone Wikborg. Sex auch, das könnte man auch ruhig hinzufügen. Vigelands erotische Skizzen schildern den Sexualakt als absoluten Höhepunkt des menschlichen Lebens. »Der Sexualakt ist großartig, großartig!«, kommentierte der junge Vigeland 1896. Leider sind diese Skizzen meistens im Keller des Museums versteckt und nur sehr selten zu sehen. Eine Ausnahme war die Ausstellung »Vigeland und Eros« im Jahr 1998: Die freundliche Mitarbeiterin im Museum hat mir verraten, dass die Besucherzahlen für diese Ausstellung von den üblichen 5000 auf über 42 000 anstiegen und die Warteschlangen bis zum Park reichten. Die Lebensfreude dieser Skizzen geht weit über jede pornographische Darstellung hinaus und zeugt von einer Zeit, in der der Zusammenhang zwischen Körper und Seele nicht nur in der Kunst, sondern auch in anderen Fachbereichen im Mittelpunkt stand.

Nydalen und Vestre Aker

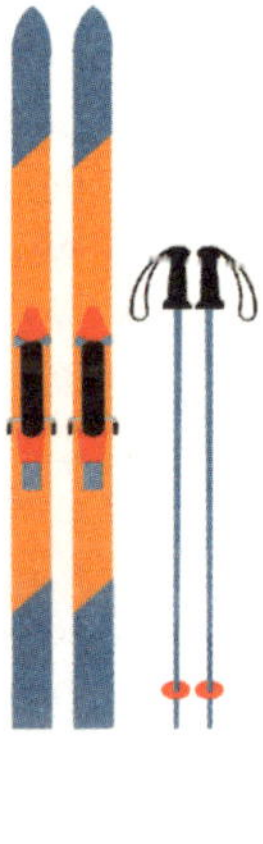

21

U-BAHN 4 ODER 5 NYDALEN

Das Schwimmbad im Fluss

NYDALEN ELVEBAD
GULLHAUG TORG

In einem alten Lied aus den fünfziger Jahren huldigte Vilhelm Dybwad dem Fluss Akerselva, der Oslo in einen Ost- und einen West-Teil trennt:
»Es gibt viele Flüsse auf der Welt, die alle gar nicht schlecht sind. Frankfurt liegt an der Oder, aber auch zum Teil am Main. London rühmt sich mit der Themse, und so soll es auch sein.
Doch auch wenn ihr alle aufzählt, ich sag sowieso: Akerselva, du Alte, du Graue ...«
Oslos in jeder Hinsicht wichtigster Fluss ist nicht länger grau, sondern inzwischen eher wieder blau: Die Industrie ist weg.
Früher hat man Eisen geschmolzen. Heute »kocht« man Seifenopern in den gleichen Gebäuden,

hat einmal der Autor und Nydalen-Bewohner Kjartan Fløgstad geschrieben. Die Arbeiter sind den Betriebswirtschaftsstudenten der Hochschule *Handelshøyskolen BI* gewichen.

Und mitten im Tal fließt also ununterbrochen der Fluss, mal ruhig, aber auch mal wilder. Mit der neuen Sauberkeit des Wassers kommt auch die Lust auf das Baden, und mittlerweile ist das auch wieder möglich. Das Wasser strömt in der Tat durch diesen »Badeort«, aber tüchtige Architekten bestimmen die Geschwindigkeit. Wir waten etwas verunsichert in den Fluss und hoffen, dass wir nicht mit in den Oslofjord getrieben werden. Aus irgendeinem (architektonischen) Grund funktioniert das Ganze auch für die kleineren Kinder sehr gut. Man kann sogar in den Wasserfall hineinsteigen, so, als wären wir durch Zeit und Raum zu einem tropischen Inselchen geflogen. Von hier aus spazieren wir weiter den Fluss entlang in Richtung Stadtzentrum.

22

U-BAHN 1 SLEMDAL

Das Emanuel-Vigeland-Museum

GRIMELUNDSVEIEN 8
WWW.EMANUELVIGELAND.MUSEUM.NO/MUSEUM.HTM
15. MAI BIS 15. SEPT. SO 12-17 UHR;
16. SEPT. BIS 14. MAI SO 12-16 UHR

Der Villenvorort Slemdal ist eine grüne, wohlhabende Idylle. Die Häuser sind groß und die Gärten auch. Die Kinder, die hier aufwachsen, haben das Selbstvertrauen der großen Gärten, wie einer der Bewohner es einmal treffend ausdrückte. Zwei Eichhörnchen springen vergnügt von Baum zu Baum. In nicht weiter Ferne sehen wir Holmenkollens berühmte Skischanze. Als eine Art Kontrast zum hellleuchtenden Tag hat Emanuel Vigeland, der jüngere Bruder des bekannteren Gustav, hier ein Haus für die Dunkelheit und das Sterben errichten lassen – das *Tomba Emmanuelle*.

Mit Schutzüberzügen über den Schuhen und mit dem strengen

Befehl, Handys auszuschalten und keine Fotos zu machen, beugen wir uns durch die kleine Stahltür. Über der Tür auf der Innenseite steht ein ausgehöhlter Stein mit der Asche des Künstlers. Über die Urne hat Vigeland zwei sich liebende Skelette gemalt. Der Liebesakt war heilig für den gottesgläubigen Emanuel Vigeland. Auch nach dem Tod werden wir also unsere Triebe nicht los.

Die Akustik im Raum ist erstaunlich und der Ort somit eine ideale Location für Konzerte. Die gemalten Körper an der Wand, meistens nackte Frauen und kleine Kinder samt einiger Skelette, sind in der sparsamen Beleuchtung kaum erkennbar.

In der Dunkelheit benehmen sich auch die Besucher ungewöhnlich. Ein junges Paar legt sich auf den Boden und starrt in Richtung Dach, als wäre es der Sternenhimmel an einem bewölkten Abend. Unter den künstlerisch gesinnten Jugendlichen gilt der Ort als perfekt für ein erstes Rendezvous. Nirgends sonst fühlt sich der Villenvorort, die Stadt, ja die ganze Welt so weit weg an wie hier.

Die Eichhörnchen warten auf uns, wenn wir wieder in die Normalität zurückkehren, und die Augen gewöhnen sich langsam an die grüne Umgebung. In die Lungen strömt wieder frische Luft.

23

U-BAHN 3 FROGNERSETEREN

Restaurant Frognerseteren

HOLMENKOLLVEIEN 200
TEL. 22 92 40 40
TGL. 11-22 UHR, SO BIS 21 UHR

Wie Sachsen-Anhalt und Brandenburg hat auch Oslo seine Mark. Aber diese bewaldete *Marka* unterliegt strengen Regularien. Innerhalb der sogenannten »Markagrenze« darf niemand ein Haus bauen, obwohl die Bevölkerung wächst und es immer größeren Bedarf gibt. Was gibt es denn dort außer Wald, Elchen und ein paar Wölfen? Im Sommer: Wanderwege und Pfade. Im Winter: schlägt hier das Herz der Winternation Norwegen. Insgesamt über 5000 Kilometer an Skipisten werden jedes Jahr vom norwegischen Skiverein so vorbereitet, dass der Nachwuchs der Skination auf seinen hauchdünnen Skiern ungestört bis Lillehammer und zurück fahren kann.

TIPP

DIE FLEISCHBÄLLCHEN MIT KOHLROULADE UND KARTOFFELN IM KAFÉ SETERSTUA SIND SÄTTIGEND. AUSSERDEM SIND SIE GUT, UND IRGENDWIE SEHR NORWEGISCH.

Erst nach der Anstrengung hat man sich die norwegische Nationalschokolade *Kvikk lunsj* und eine Semmel, eine sogenannte *Bolle*, verdient, zum Beispiel im Restaurant *Frognerseteren*. Die Stadtverwaltung hatte das Grundstück damals erstanden, um ein Ausflugsziel für die Bevölkerung zu schaffen. Seit 1891 steht einige U-Bahn-Stationen oberhalb der Skisprungschanze Holmenkollen das Restaurant und Café – im Drachenstil und mit geschwungenen Wänden. Wie in einem Wintermärchen der »norwegischen Brüder Grimm«, Asbjørnsen und Moe.

An sonnigen Sonntagen im Winter sind hier alle: Touristen aus aller Welt, aber auch die Osloer kaufen sich eine heiße Schokolade und erkämpfen sich einen Sitzplatz am offenen Feuer im *Kafé Seterstua*. Wenn es nicht zu kalt ist, sitzen sowieso alle draußen. Denn zunächst sind wir ja für die fantastische Aussicht hier: Die Stadt vor den Füßen, spiegelt sich die Sonne im Oslofjord. Auch die Skispuren sind zu erkennen, die uns Kilometer um Kilometer tiefer in die Wälder führen, wenn wir ihnen folgen. Ständig gleiten die Osloer mit den neuesten Skimodellen vorbei. Die jüngeren Touristen leihen sich Schlitten aus und fahren die *Korketrekkeren* (die »Korkenzieher«-Rodelbahn) hinunter bis zur U-Bahn-Haltestelle Midtstuen. Dann wieder hoch zum *Frognerseteren*, und das Ganze fängt von vorne an. Die Meisten aber sind mit der U-Bahn bis zur Endhaltestelle hochgefahren, um dann wieder wie graziöse Elche im Wald zu verschwinden. Die klassische Route verläuft von Frognerseteren bis Sognsvann. Das sind zehn Kilometer, meistens bergab. Auf dem Weg hält man an verschiedenen Hütten, an denen es wieder heiße Schokolade, Gebäck und vielleicht auch eine Suppe zu kaufen gibt. Am Sognsvann fährt die U-Bahn alle 15 Minuten zurück in die Stadt.

Grünerløkka und Torshov

24

STRASSENBAHN 11, 12 ODER 13 NACH BIERMANNS GATE

Das Haus von Hønse-Lovisa

SANDAKERVEIEN 2
TEL. 23 28 41 70
MI - SO 11.30-16.30 UHR;
MO UND DI GESCHLOSSEN

Das Rauschen des schönen Akerselva-Wasserfalls ist beruhigend. Hønse-Lovisa, die »Hühner-Lovisa«, nach der das rote Haus am Wasserfall benannt ist, hat es in Wirklichkeit nicht gegeben. Sie entstammt dem sehr erfolgreichen Theaterstück *Ungen* (»Das Kind«) des Osloer Arbeiterdichters Oskar Braaten (1881–1939). Im Stück bekommt die Fabrikarbeiterin Milja ein Kind mit dem umschwärmten Julius, der seinerseits ein Auge auf die schöne, aber betrügerische Petrina geworfen hat. Das Kind kann Milja nicht behalten, und so gibt sie es an Hønse-Lovisa weiter, die sich bereits um mehrere andere uneheliche Kinder der Fabrikarbeiterinnen kümmert. Die

Geschichte hat Braaten erfunden, aber die Menschen und die Umgebung kannte Braaten aus seiner Kindheit. Seine Mutter war selbst Fabrikarbeiterin in der Baumwollspinnerei gewesen, und so hatte der junge Braaten jeden Morgen die Frauen beobachten können, die über die Brücke zur Arbeit in die Spinnerei strömten. Braaten war einer der Jungen, der den Arbeiterinnen in der Mittagspause eine große Schüssel mit Suppe brachte, die von den »Kochfrauen« zubereitet worden war.

Die Arbeiterinnen waren bei dem Industriellen Knud Graah angestellt, der Mitte des 19. Jahrhunderts nach Manchester reiste, um den Engländern die neuesten Industrietrends zu entlocken. Graah wollte herausfinden, ob er statt fertiger Stoffe die rohe Baumwolle aus den amerikanischen Südstaaten selbst bearbeiten könnte. Er hatte bereits die Wasserkraft und den Zugang zu billigen Arbeitskräften – den Frauen. Die Briten lieferten die Maschinen und am Osloer Fluss entstand ein Industrieabenteuer, das bis zum Tod Knud Graahs andauern sollte.

Hønse-Lovisas Haus gehört heute zum Stadtmuseum von Oslo und beherbergt unter anderem ein gemütliches Café. Auf der anderen Seite des Flusses liegt das Arbeitermuseum, in dem die Geschichte der Osloer Industrie auf eine unterhaltsame Art erzählt wird. Ein bisschen weiter die Straße runter liegt eines der alten Holzhäuser, die Graah für seine Arbeiter bauen ließ. Dieses ist immer noch im Besitz des Museums und wird Besuchern nur auf Anfrage gezeigt.

Im Sommer betreiben die heutigen Besitzer eine kleine Gastwirtschaft im Haus Hønse-Lovisa – das norwegische Standardangebot: Waffeln. Diese hier sind ausgezeichnet. Der Wasserfall plätschert im Hintergrund und die Bäume werfen einen gemütlichen Schatten.

25

STRASSENBAHN 11, 12, 13 OLAF RYES PLASS

Bei Parkteatret wird sitzend getanzt

PARKTEATRET
OLAF RYES PLASS 11
TEL. 22 35 63 00
WWW.PARKTEATRET.NO

TIPP

PIZZA BEI VILLA PARADISO AN DER ECKE.

VILLA PARADISO
OLAF RYES PLASS 8
TEL. 22 35 40 60
WWW.VILLAPARADISO.NO
MO - DI 8-22 UHR; MI - FR 8-23 UHR;
SA - SO 10-23 UHR

Es kocht eigentlich in der ganzen Gegend. Der Stadtteil Grünerløkka ist schon seit zwanzig Jahren ein Ort, wo kleinere Geschäfte überwiegen, wo beim Nationalfeiertag am 17. Mai die Mädchen in Volkstracht (*Bunad*) zu Techno tanzen.

Der Gemüsehändler Sultan an der Ecke in Thorvald Meyers gate hat seine Türen mittlerweile leider geschlossen, aber es kommen ständig neue Läden hinzu. Was geblieben ist, ist der Biergarten *Grünerhaven*, wo die richtigen Einheimischen dem Druck der Zeit widerstehen. Das Gleiche gilt für die alte sogenannte »Kino-Brauerei« gleich gegenüber. In den letzten zwanzig Jahren seiner über hundertjährigen Ge-

schichte bestand *Parkteatret* aus einer Bar und einer Konzertbühne.

Alles scheint hier möglich zu sein: Jugendliche unter 18 Jahren haben ein eigenes Format namens *Yngling* (»Jüngling«) auf die Beine gestellt, wo YouTube- und andere Internet-Stars zu günstigen Preisen auftreten. Die drei Frauen der Osloer Band *No. 4* spielen gerne eine ganze Woche, und alle Konzerte sind ausverkauft. »Lang und schmal ist unser Land«, singen sie, und dagegen lässt sich eigentlich auch nichts einwenden. Die Verantwortlichen kümmern sich wenig um musikalische Gattungen.

Dieser freiheitliche Geist herrscht auch in der benachbarten Bar. Der offene Weißwein ist richtig temperiert. Zu der Musik aus den Lautsprechern wird sitzend getanzt. Etwas Unerwartetes liegt in der Luft.

26

BUS 34 MØLLERVEIEN

Der blaue Club am Fluss der Zeit

CLUB BLÅ
BRENNERIVEIEN 9C
MO - DO 14-23 UHR;
FR - SO 14-3 UHR

TIPP

PASSENDE VINTAGE-KLEIDUNG FÜR DEN ABEND BEI VELOURIA VINTAGE KAUFEN.

VELOURIA VINTAGE
THORVALD MEYERS GATE 34
TEL. 90 97 51 91
MO - FR 11-19 UHR; SA 11-18 UHR;
SO 12-18 UHR

Akerselva fließt ruhiger, als wir unseren Spaziergang am Fluss in dem alten Arbeiterviertel Grünerløkka beenden. Unweit vom Fluss tanzt eine rastlose Menge von Studenten und Lebenskünstlern durch die Thorvald Meyers gate. Parallel zur Torvald Meyers gate verläuft die Straße Markveien, wo allerlei kleine Läden um unsere Aufmerksamkeit buhlen. Eine Querstraße leitet uns hinunter zum Fluss, wo uns der Club *Blå* (»Blau«) zum Tanzen einlädt. Und wir tanzen gerne mit. Es ist ein Tanz gegen den ewigen Fluss der Zeit. Die Erinnerungen fließen in alle Richtungen. Sind wirklich schon zwanzig Jahre vergangen, seit wir hier bei der Eröffnungsfeier

waren? Der enorme Kronleuchter, der da über der kleinen Gasse auf der anderen Seite der Brücke hängt – war er schon immer da? Und das Dach aus Tuch da draußen, das uns vor Regen und Sonne schützen soll, war es auch damals schon da? Zeitungsartikel über frühere Jubiläumspartys belegen, dass mit den beiden jungen Gründern Kjell Einar Karlsen und Martin Revheim alles begann. Sie träumten von einem Laboratorium für jene Musiker, die weder Jazz, Elektro, House, Hiphop noch Techno spielen wollten, sondern alles auf einmal. Das Zugpferd war die Band *Jaga Jazzist* aus der Kleinstadt Tønsberg am Oslofjord. Zentral in der Band sind damals wie heute drei Geschwister aus der Familie Horntveth. »Jaga Ist Zu Hause« heißt das erste Lied auf ihrem dritten Album *Magazine*. »Ist« und »Zu« mit großem Anfangsbuchstaben geschrieben. Das Haus mit großem »H« muss der Club *Blå* sein. Hier ist immer was los. Das Publikum ist vielleicht nicht das gleiche wie früher, aber trotzdem oder vielleicht gerade deswegen scheint *Blå* heute genauso vital und lebendig wie vor zwanzig Jahren.

Bygdøy und Ullern

27

BUS 30 BYGDØYNES

Das Frammuseum

BYGDØYNESVEIEN 39
TEL. 23 28 29 50
TGL. 9-18 UHR

TIPP

NACHMITTAGS IM SOMMER, UND NUR SECHS MINUTEN ZU FUSS VOM MUSEUM ENTFERNT, ÖFFNET DAS KLEINE RESTAURANT LILLE HERBERN (»KLEINE HERBERGE«) BEI OSLOS SEILVEREIN AUF BYGDØY SEINE TÜREN. EINE EBENSO KLEINE FÄHRE VERFRACHTET DIE GÄSTE IN ZWEI MINUTEN ZU EINEM INSELCHEN, WO GEGRILLTE FORELLEN, GARNELEN, MUSCHELN ODER AUCH EIN ENTRECOTE AUF SIE WARTEN. DIE KÜCHE SCHLIESST BEREITS UM 22 UHR, ABER DIE LETZTE FÄHRE FÄHRT ERST UM 23.30 UHR ZUM FESTLAND. DANN HAT MAN NOCH GELEGENHEIT, DIE NORDISCHE SOMMERNACHT ZU GENIESSEN.

LILLE HERBERN
HERBERNVEIEN 1
BYGDØYBÅTEN (BYGDØY BOOT) 91
AB RÅDHUSBRYGGEN
TEL. 22 44 97 00
WWW.LILLEHERBERN.NO
IM SOMMER: MO - FR 17-23.30 UHR;
SA - SO 12-23.30 UHR
(KÜCHE NUR BIS 22 UHR)

Die Reise zum schönsten Schiff Norwegens beginnt auf dem Wasser. Das Motorboot von Båtservice, das an der Aker Brygge abfährt, hat sich, seit es 1957 na-

gelneu von der mechanischen Werkstatt in Haugesund ausgeliefert wurde, nicht verändert. Auf der anderen Seite des Fjords, auf der Halbinsel Bygdøy, liegt in Reih und Glied der Nationalstolz Norwegens: Hier grasen die Kühe des Königs. Hier sind die Wikingerschiffe ausgestellt, und hier befindet sich nicht zuletzt Thor Heyerdahls Kon-Tiki-Floß aus Balsaholz, das ihn und seine Mannschaft über den Pazifik trug.

Das interessanteste Museum auf Bygdøy aber ist das Frammuseum, in dem das Expeditionsschiff *Fram* des Abenteurers und späteren Friedensnobelpreisträgers Fridtjof Nansen zu erleben ist. Nansen wollte auf seiner ersten Expedition den Seeweg zum Nordpol finden. Dafür brauchte er natürlich ein Schiff, das dem Druck des Polareises standhalten würde. Der Auftrag ging an den erfahrenen Schiffsbauer Colin Archer in der südöstlichen Kleinstadt Larvik. Das Schiff wurde in zwei Jahren gebaut, und am 26. Oktober 1892 schon segelten Nansen und seine Mannschaft in Richtung Norden ab.

Der vom Museum empfohlene Informationsfilm über die Expedition ist eine etwas verwirrende Geschichte. Man sollte sich lieber sofort an Bord des 39 Meter langen und 11 Meter breiten Holzschiffes begeben. Mit seiner Verbunddampfmaschine und seinen drei Masten wirkt es, als stehe das Schiff an der Schwelle der Alten zur Neuen Welt. Die abgerundete V-Form des Schiffsrumpfes sorgte dafür, dass das Eis das Schiff nicht zerquetschte, sondern vielmehr anhob. Der Schiffsbauer Colin Archer hatte für das Boot das damals härteste Material, das südamerikanische Grünherzholz, verwendet. Heute, mehr als hundert Jahre später, riecht das Schiff noch immer nach Holz und Teer. Seit 2017 läuft ein Film über Dach und Wände des Museums; er zeigt die polare Meereslandschaft, durch die Nansen und seine Mannschaft damals gefahren sind. Das Getöse mächtiger Wellen wird von einer unheimlichen Stille abgelöst, in der nur ab und an das Geräusch zerbrechenden Eises zu hören ist. Die Nacht löst, mit Tausenden von Sternen, den Tag ab. Das Ganze ist zutiefst beindruckend, und fühlt sich – trotz aller multimedialen Effekte – sehr authentisch an.

28

BUS 30 BYGDØHUS

Villa Grande

HUK AVENY 56

TEL. 22 84 21 00

15. MAI BIS 14. SEPT. TGL. 10-18 UHR;

15. SEPT. BIS 14. MAI TGL. 10-16 UHR

Wer zu Fuß den Gehweg hoch zur Villa Grande läuft, merkt es vielleicht: Das Haus hat etwas Schauderhaftes. Der britische General Andrew Thorne hat von »Gespenstern« gesprochen, als er im Mai 1945 hier als oberster Vertreter der alliierten Streitkräfte eintraf. Der mehrmals dekorierte General zog damals mit dem Ziel ein, das Hauptquartier vom Marionettenminister Vidkun Quisling und seiner Frau Marie zu entnazifizieren. Erst, als der aus Großbritannien zurückgekehrte König Håkon IV. und seine Familie das Haus besuchten, so empfand es Thorne, seien die Gespenster vertrieben worden.

Ohne die Okkupation von Oslo

durch die Nazis am 9. April 1940 hätte es einen Ministerpräsidenten Quisling nie gegeben. Seine nationale Sammlungspartei *Nasjonal Samling* hatte vor dem Krieg nur minimalen Zuspruch in der Bevölkerung gefunden. Quisling hatte 1940 eigenmächtig die Macht ergriffen, nachdem das Königshaus und die Regierung durch das Land und weiter mit dem Schiff nach England geflohen waren. Zwischen 1941 und 1945 wurde Quisling von den deutschen Besatzern eher geduldet als gefördert. Die eigentliche Macht lag beim deutschen Reichskommissar Josef Terboven. Er residierte seinerseits in dem Anwesen des Kronprinzen Olav und seiner Frau Märtha auf Skaugum in der Kommune Asker außerhalb von Oslo.

Quisling entschloss sich für die alte Villa Grande, die kurz nach dem Ersten Weltkrieg von einer der vielen norwegischen Schiffsreedereien gebaut worden war. Das Haus füllte er nicht nur mit Möbeln und anderen Wertgegenständen aus dem Osloer Schloss, sondern auch, wie die Historikerin Bodil Stenseth dokumentiert, mit Antiquitäten aus jüdischen Geschäften in Oslo. Der Marionettenminister in der Villa Grande war also auch ein Dieb.

Die jüdischen Bewohner Oslos wurden 1942 aus ihren Häusern und Wohnungen verschleppt, mit Taxis zum Osloer Hafen Vippetangen gebracht und mit dem Schiff *MS Donau* nach Auschwitz oder in andere Konzentrationslager verfrachtet.

Vor der Villa Grande steht die Lichtinstallation *Innocent Questions* des Künstlers Arnold Dreyblatt. Die rechteckige verspiegelte Scheibe mit den Zahlen symbolisiert die scheinbar unschuldigen Fragebögen, die norwegische Bürger jüdischer Herkunft ausfüllen mussten.

Heute ist die Villa Grande ähnlich wie das Haus der Wannseekonferenz in Berlin eine Holocaust-Gedenkstätte und beherbergt sowohl eine Forschungsstätte als auch ein Museum. Die oberen Etagen, wo sich unter anderem zwei unter Denkmalschutz stehende Zimmer befinden, sind nur für die wissenschaftlichen Mitarbeiter des Hauses und Gastforscher zugänglich. Im ersten Stock befindet sich eine Dauerausstellung, die ausführlich über die Ermordung der norwegischen Juden informiert. Im Keller befindet sich Quislings privater Bunker. Von hier aus gab es einen Notausgang zum Garten mit einem Pfad zu zwei Motorbooten, die dem norwegischen Führer eine Fluchtmöglichkeit boten. Von dieser Möglichkeit hat weder Quisling noch seine ukrainische Frau Marie jemals Gebrauch gemacht.

Kurz nach seinem Einzug benannte Quisling mit der unter Nationalsozialisten üblichen Vorliebe für nordische Mythologie die Villa zu »Gimle« um. Gimle war in der Mythologie der Ort, wo die Überlebenden des »Ragnaröks«, also des Untergangs der Welt, hinkamen. Dieses Glück wurde Quisling nicht zuteil. Nach einem langen Gerichtsprozess wurde er zum Tod durch Erschießen verurteilt und am 24. Oktober 1945 in der Festung Akershus hingerichtet. Seine Frau kam mit einer kürzeren Haftstrafe davon und starb erst 1980 in ihrer Wohnung in Oslo.

29

BUS 30 VIKINGSKIPENE

Die Grabkammer der Wikingerschiffe

DAS HAUS DER WIKINGERSCHIFFE AUF BYGDØY IST WEGEN EINES UMFASSENDEN UMBAUS BIS 2026 GESCHLOSSEN. DAS HAUS WIRD DURCH EIN NEUES GEBÄUDE ERGÄNZT, SOMIT WIRD DAS »HAUS DER WIKINGERSCHIFFE« KÜNFTIG AUS ZWEI HÄUSERN BESTEHEN. IN DER ZWISCHENZEIT SIND VIELE DER OBJEKTE IM HISTORISCHEN MUSEUM IN DER AUSSTELLUNG »WIKINGER« ZU SEHEN:

HISTORISK MUSEUM
FREDERIKS GATE 2
TEL. 22 85 19 00
WWW.HISTORISKMUSEUM.NO
DI, MI, FR-SO 10-17 UHR; DO 10-18 UHR; MO GESCHLOSSEN

VIKINGSKIPSHUSET
HUK AVENY 35
TEL. 22 13 52 80

Das Ende der Geschichte lässt sich vielleicht nicht festlegen, aber für die Norweger gibt es einen Anfang: Die Geschichte der Norweger beginnt mit den Wikingern, die sich etwa zwischen 800 und 1050 auf ständig neue abenteuerliche Seefahrten begaben, um die Nachbarländer und auch fernere Länder ihres Hab und Gutes zu berauben. Zu diesem Zweck brauchten sie entsprechende Schiffe.

Über tausend Jahre später, um genau zu sein im August 1903, konnte der Landwirt Oskar Rom seine Neugierde nicht mehr zügeln: Was verbarg sich eigentlich in dem eigentümlichen Hügel auf seinem Hof Oseberg auf der Westseite des Oslofjordes? Mit seinem Spaten legte er los, bis er plötzlich auf hartes Eichenholz stieß. Darunter Bretter. Je tiefer er kam, desto schöner waren die Schnitzereien, die zum Vorschein kamen. Und war das nicht ein Drachenkopf, den er da in der Erde erblickte? Oskar Rom legte seinen Spaten nieder und fuhr in die Stadt, wo er den bekannten Archäologen Gabriel Gustafson aufsuchte. Der Professor war verblüfft. Das Schiff war unter dem Torf erstaunlich gut erhalten geblieben. Der Rest ist Geschichte – und im Haus der Wikingerschiffe zu sehen.

Das Gebäude heißt eben nicht Museum, sondern einfach nur *Huset* (»Haus«). Es wurde um die drei Schiffe *Oseberg*, *Gokstad* und *Tune* herumgebaut. Obwohl auch hier ein informativer Film gezeigt wird, kann uns das eigentlich nicht von den Schiffen ablenken, die zwischen den weißgestrichenen Wänden aus Stein aufgebaut stehen. Das Oseberg-Schiff besteht zu neunzig Prozent aus dem Original-Material. Darin besteht der Reiz des Ganzen. Wir erkennen die Bedeutung von dem, was wir vor uns haben.

Die Wikinger, deren Existenz durch die Schiffe belegt wird, sind sozusagen der Beitrag der Norweger zur Weltgeschichte. Das hat natürlich der Rest der Welt auch erkannt. Es ist gelegentlich ziemlich voll im Haus der Wikingerschiffe. Man sollte möglichst früh kommen. Oder spät. Oder im November.

30

STRASSENBAHN 13 ABBEDIENGEN, VON DORT AUS SIEBEN MINUTEN ZU FUSS

Edvard Munchs Ekely

JARLSBORGVEIEN 14
TEL. 95 11 66 67
SA - SO 13-17 UHR;
MO - FR GESCHLOSSEN

Edvard Munchs Wohnsitz der letzten 16 Jahre seines Lebens liegt in einem schläfrigen Villenvorort im Westen von Oslo. Damals war es eher ein Dorf, als der Künstler 1916 das Gelände einer alten Gärtnerei erwarb. Die Straßenbahn hält dieser Tage in der Nähe des Grundstücks. Nach einem etwas wirren und verwinkelten Spaziergang erblicken wir nach etwa einer Viertelstunde die Künstlerhäuser, die nach dem Krieg in Munchs Obstgarten gebaut wurden. Hier wohnen immer noch Künstler, zu günstigen Preisen. Dann erscheint ein Parkplatz. Hier lag einst Munchs Villa. »Ein hässliches Haus aus den 1890er Jahren«, schrieb der Freund und

Mäzen Rolf Stenersen, der selbst ein großes und modernes Haus in der Nähe bewohnte. Stenersen beschrieb auch die Wohnverhältnisse des älteren Freundes aufs Genaueste: Es gab kaum Möbel im Haus, abgesehen von einem kaum benutzten Flügel, einer Uhr, einem Bett, einem Tisch mit neun Stühlen und einer gepolsterten Sitzbank. Laut Stenersen herrschte immer Chaos: Überall gab es Pinsel, Leinwand, sonstige Utensilien. Im Garten bellten zwei unglückliche Hunde alle, auch Munch, an. Werke, die heute bei den Auktionshäusern auf der ganzen Welt für Rekordsummen verkauft werden, standen das ganze Jahr über bei jedem Wetter draußen und wurden von Vögeln beschmutzt. Das Radio war immer an, und zwar zu laut, weil der mittlerweile schwerhörige Munch beim Malen Stimmen hören wollte, was wiederum die Haushaltshilfe an die Grenzen des Wahnsinns brachte. Jeden Besuch empfand der Künstler als Störung.

Kurz nach Munchs Tod im Januar 1944 wurden Studenten von der Kunsthochschule nach Ekely geschickt, um die Werke des Künstlers zu katalogisieren. Die Arbeit muss gewaltig gewesen sein. Von den etwa 1700 Ölgemälden, die Munch im Laufe seines Lebens schuf, sind etwa 1000 im Besitz des Munch-Museums. Dazu kommen Skizzen, Grafiken, Zeichnungen, autobiographische Notizen und Fotografien. Das Haus war vom Keller bis zum Dachboden mit Kunstwerken gefüllt. 1960 hat die Gemeinde das Haus abgerissen. Das Winteratelier steht jedoch immer noch. Auf der Terrasse hängen große Fotos, die Munch beim Arbeiten innerhalb und außerhalb des Ateliers zeigen. Hier malte er alles, was er in seiner nächsten Umgebung sah. Er porträtierte die Obstbäume zu jeder Jahreszeit, der Bau des Ateliers und die Bauarbeiter sind auf Gemälden dokumentiert. Aktmodelle gingen ein und aus. Immer wieder hat er auch sich selbst porträtiert. In einem seiner letzten und berühmtesten Selbstporträts steht er ein bisschen verloren wirkend, im Anzug, zwischen Wanduhr und Bett. Beide Gegenstände lassen sich leicht als Symbole des Todes deuten. Der Anzug erinnert an den eines Bestatters. Man kann sich allerdings auch für den Farbenreichtum der Bettdecke interessieren und die spielerische Leichtigkeit, mit der Munch dieses scheinbar symbolträchtige Motiv gemalt hat. Im Wintersemester wird das Atelier immer einem ausgewählten zeitgenössischen Künstler angeboten, im Sommer stehen Garten und Atelier jeden Samstag für jedermann offen.

VON OSLO NACH BERGEN

31

ZUG VON OSLO NACH MYRDAL ÜBER HARDANGERVIDDA, WEITER MIT DER FLÅMBAHN NACH FLÅM

Flåm

TOURISTENINFORMATION FLÅM
TEL. 57 63 14 00

Für die Einheimischen ist es vielleicht nichts Besonderes mehr, aber für alle anderen, die mit dem Zug von Oslo nach Bergen fahren, bietet diese Reise die Möglichkeit einer ganz besonderen Begegnung: Es ist die Begegnung zwischen hohen Bergen und tiefen Fjorden. Im Mai ist es darüber hinaus die Begegnung verschiedener Jahreszeiten: Wir verlassen den Winter auf 867 Meter Höhe und begegnen dem Sommer im kleinen Dorf Flåm am Sognefjord auf Meeresebene.

Etwa auf halbem Weg nach Bergen, an der Haltestelle Myrdal, steigen wir aus dem Zug aus. Dort wartet ein neuer Zug auf uns – die *Flåmsbana* (»Flåm-

bahn«). Es geht eine knappe Stunde in Kurven ins Flåmstal hinunter. Im Zug ist wieder die ganze Welt an Bord: Die Japaner machen Fotos, die Spanier quatschen und die Deutschen bedauern, dass sie nicht mit dem Trekkingrad auf dem parallel verlaufenden »Rallarweg« unterwegs sind. Die Tropfen des Wasserfalls bilden einen kleinen Regenbogen und kräuseln unser Haar. Plötzlich ertönt eine eigenartige Mischung aus Techno und norwegischer Volksmusik: Eine wunderschöne Waldfee aus der norwegischen Folklore, die Huldra, tanzt auf der Natur-Bühne ins Bild und versucht, uns – wie in alten Sagen (und in Ibsens *Peer Gynt*) – zu sich in den Berg zu locken. Wir widerstehen der Versuchung, denn vor uns liegt eine weitere besondere Begegnung: Es ist die Begegnung mit dem Sognefjord. Ob die Zugfahrt mit der Flåmbahn wirklich »eine der schönsten Zugreisen der Welt« ist, ist vielleicht nicht die interessanteste Frage. Für einen Norweger aus dem Westen hat das Ganze ohnehin etwas Alltägliches. Winzige Bauernhöfe auf immer noch schneebedeckten Bergen mit dazugehörigen Schafen – ist das etwas Besonderes? Was allerdings doch einige Superlative hervorlocken könnte, ist die Tatsache, dass der Zug direkt auf dem Kai in Flåm hält. Wer mit dem Morgenzug aus Oslo kommt, hat eine gute Stunde, bevor das Express-Schiff nach Bergen ablegt. Diese Stunde verbringt man am besten im Ausschank der lokalen Brauerei *Ægir*, eine der zahllosen Handwerksbrauereien, die in den letzten Jahren in vielen norwegischen Tälern entstanden sind. In der nordischen Mythologie ist Ægir ein Riese, der den nordischen Göttern Essen und Bier in einem riesigen (!) Kessel zubereitet. Ähnlich geht es auch in der Brauerei zu. In einem im Wikingerstil erbauten Haus steht ein Mann hinter der Theke, der für sein Handwerk brennt und der, ganz im Gegensatz zu vielen anderen im Touristengewerbe in Flåm Beschäftigten, tatsächlich Norweger ist. Der glückliche Besucher bekommt eine Kostprobe von dem frisch erfundenen Bier *Pepper Red*.

Will man jetzt eigentlich schon gleich wieder weiter? Sollte man nicht vielleicht doch in Flåm übernachten? Nein, es ruft der Fjord. Das Express-Schiff *Njord* hält ebenfalls vor einem erstaunlichen Wasserfall. Keine Huldra dieses Mal. Wir segeln an Fjorddörfern vorbei, zum Beispiel Leikanger und Balestrand. In Letzterem war Kaiser Wilhelm II. zu Besuch, als der Erste Weltkrieg ausbrach. Heutzutage beherbergt Balestrand Anfang Mai ein kleines Jazzfestival. Falls das gerade stattfindet – unbedingt aussteigen! Der Fjord weitet sich allmählich aus, vor uns liegt jetzt das offene Meer. Nächster Halt Island? Nein, Bergen.

Nach fünfeinhalb Stunden gleiten wir hinein ins Hafengebiet Vågen. Links von uns sehen wir dann die Håkonshalle im Königshof von Bergen und das bekannte Hanseviertel Bryggen mit seinen etwa sechzig Gebäuden. Es ist nicht ganz unwahrscheinlich, dass es regnet. Aber auch der Regen gehört zum Grundton dieser Stadt. Plötzlich hört es auf. Denn die Wahrheit über das Wetter in Bergen ist nicht, wie viele glauben, dass es immer regnet. Die Wahrheit ist, dass Sonne und Regen(wolken) sich ständig abwechseln. Wir packen den Regenmantel also wieder ein. Denn auf die sorgfältig verlegten Kopfsteine scheint wieder die Sonne.

BERGEN

Zentrum

In der Innenstadt in Bergen gehen die Bergenser zu Fuß. Wir haben daher darauf verzichtet, in diesem Kapitel Haltestellen anzugeben. Die neue Stadtbahn, *Bybanen*, ist eine gute, wenngleich eine etwas langsame Alternative für die Fahrt zum Flughafen.

32

Die Hallen von Edvard und Håkon

HÅKONSHALLEN
BERGENHUS 10
TEL. 55 30 80 36

GRIEGHALLEN
EDVARD GRIEGS PLASS 1
TEL. 55 21 61 50

15. MAI BIS 15. SEPT. TGL. 10-16 UHR;
16. SEPT. BIS 14. MAI TGL. 12-15 UHR

TIPPS

LUNCH IM LANDMARK KAFÉ
IN BERGENS KUNSTHALLE.
COCKTAILS NACH DEM KONZERT
IN DER GRIEGHALLE.

Im Monatswechsel von Mai auf Juni zieht die Musik wie ein Unwetter aus dem Atlantik durch die Stadt. Die Idee, internationale Musikfestspiele in Bergen zu veranstalten, kam von der Opernsängerin Fanny Elsta, die 1950 die im damaligen Edelhotel Bristol anwesende Bürgerschaft der Stadt um Unterstützung bat. Vorbild waren die Salzburger Festspiele, wo Fanny Elsta mehrere gelungene Auftritte hinter sich hatte. Jetzt träumte sie von einem musikalischen Großereignis in der Hansestadt, denn Bergen sei die Heimatstadt Edvard Griegs, und außerdem sehr schön, so die Sängerin. Die Bergenser seien außerdem immer gut gelaunt und mit der richti-

gen Portion Lokalpatriotismus ausgestattet, sagte sie.

Drei Jahre später zog eine Parade durch die Straßen: König Haakon VII. hieß das Publikum zu den Festspielen willkommen, die inzwischen wirklich zu einem Großereignis geworden sind. In den Frühsommerwochen öffnen die vier Komponistenhäuser ihre Türen zu intimen Konzerten in den ehemaligen Wohnräumen der Künstler: Edvard Griegs *Troldhaugen*, Harald Sæveruds *Siljustøl* und Ole Bulls Ferienhaus auf Valestrand.

Die Festspiele finden aber nicht nur in diesen drei Häusern statt, sondern in der ganzen Stadt. Die vielleicht wichtigsten zwei Spielstätten sind zwei Hallen, die wie Tore ganz am Anfang und eher gegen Ende der Stadtgeschichte stehen: Die Håkonshalle ließ König Håkon IV. Håkonsson in den Jahren 1247 bis 1261 errichten. Am 11. September 1261 fand die Hochzeit zwischen Håkons Sohn Magnus Lagabøte und der dänischen Prinzessin Ingeborg im großen Festsaal der Håkonshalle statt. Vielleicht braucht man eine feierliche Gelegenheit – wie ein Konzert –, um diesen mittelalterlichen Festsaal wirklich richtig zu schätzen zu wissen. Die Wände aus Stein stammen noch aus dem 13. Jahrhundert. Das Dach und die Innenausstattung wurden 1944 bei der Explosion eines mit Munition beladenen holländischen Frachtschiffes beschädigt. Beim Wiederaufbau nach dem Zweiten Weltkrieg orientierte man sich an den Entwürfen des Stadtzeichners Hieronymus Scholeus. Die Håkonshalle ist auf dem sogenannten *Scholeus-Stich* aus dem Jahr 1582, der ersten uns bekannten Abbildung von Bergen, gut zu erkennen. Neben der Håkonshalle hat Scholeus auch den Rosenkranzturm eingezeichnet. Den Turm, auch aus Stein gebaut, hat der dänische Statthalter Eric Rosenkrantz 1560 errichten lassen, um den mächtigen hanseatischen Kaufleuten Respekt einzuflößen, die seiner Meinung nach allzu wenig zu den Stadtfinanzen beitrugen. Der Turm ist ein klaustrophobisches Gebäude: Man fühlt unmittelbares Mitleid mit den Gefangenen, die dort eingekerkert gewesen waren.

Während die Håkonshalle bei den Musikfestspielen in erster Linie der älteren Musik ein Zuhause bietet, ist die Grieghalle an dem kleinen See Lille Lungegårdsvannet der Ort, wo die Eröffnung der Festspiele stattfindet. Das wie ein Flügel geformte Haus aus dem Jahr 1978 hat ein imposantes Foyer mit 1166 Glühbirnen und gleicht vom Baustil her dem abgerissenen Palast der Republik in Berlin. Unter diesen Glühbirnen hält der Festspieldirektor oder die -direktorin die Eröffnungsrede – das zweiwöchige Spektakel kann beginnen.

33

Die Kunstsammlung von Rasmus Meyer

KODE 3
RASMUS MEYERS ALLÉ 7
TEL. 53 00 97 03
WWW.KODEBERGEN.NO/EN/EXHIBITIONS/RASMUS-MEYER-COLLECTION
DI - FR 11-16 UHR; SA - SO 11-17 UHR;
MO GESCHLOSSEN; 1. UND 17. MAI
UND 24. DEZ. BIS 4. JAN. GESCHLOSSEN

TIPP

ITALIENISCH ESSEN BEI BIEN CENTRO.

NORDAHL BRUNS GATE 9
WWW.BIENBAR.NO/CENTRO
MO - SO 11-23 UHR

Die Kunstmuseen in Bergen heißen seit 2006 alle »KODE«, was durchaus etwas kryptisch anmutet. Die Stadtmuseen haben es leichter: Sie tragen immer noch die Namen, die unmittelbar ihre Inhalte verraten. Das Museum der Fischerei heißt »Fischereimuseum«, das Museum der Leprakranken heißt eben »Lepramuseum« und so weiter. Mit der Kunst war es aber nie so einfach. Was die gezeigten Objekte bedeuten sollen, war schon immer eine Frage der Interpretation. Vielleicht ist die Kunst ihrem Wesen nach immer eine Art von »Code«? Wie dem auch sei: Hinter dem neuen Begriff verbergen sich, zum Glück, die alten Kunstmuseen, und sie lie-

gen immer noch nebeneinander mitten in der Stadt an dem kleinen See Lille Lungegårdsvannet, wo sie schon immer waren. Aus den vier alten Gebäuden, die alle ihre eigene Geschichte haben, wählen wir uns die Kunstsammlung des Müllerssohns Rasmus Meyer aus. Das von dem Architekten Ole Landmark entworfene Haus, das jetzt unter der Bezeichnung »KODE 3« zu finden ist, wurde 1926 eröffnet – und war schon damals eine große Sensation. Zehn Jahre lang, von 1906 bis 1916, sammelte der Geschäftsmann Rasmus Meyer die Perlen der großen norwegischen Künstler seiner Gegenwart. 1909 erwarb er eine eigenartige Sammlung von Gemälden von Edvard Munch, was dazu geführt hat, dass sich Munchs ikonisches Oslo-Gemälde *Abend auf der Karl Johans gate* heute in Bergen befindet.

Die freundlichen Museumswärter raten uns, in der oberen Etage des Hauses zu beginnen. Diese Etage hat Architekt Ole Landmark wie ein traditionelles Museumsgebäude ausgestattet. Aus dem späten 19. Jahrhundert macht insbesondere das Werk von Christian Krohg einen besonderen Eindruck. Seine Solidarität und sein Mitgefühl mit den Schwächsten der Gesellschaft strahlen immer noch aus seinen Werken – wie beispielsweise im Gemälde von der jungen Mutter, die beim Schaukeln der Kinderwiege erschöpft einschläft. In einem anderen Raum fällt die Gegenüberstellung von Anders Svarstads Gemälden europäischer Städte mit Nikolai Astrups wilden und naturgetreuen Gemälden seines Heimatdorfes Jølster am Sognefjord auf. Fast alle diese Maler genossen eine Ausbildung an einer Kunsthochschule in Deutschland oder Frankreich. Was ihnen am Herzen lag, war aber eng mit der eigenen Heimat verbunden.

Wenn wir die Treppe wieder hinuntergehen, treffen wir auf ein Duo, das allen späteren modernen Künstlerinnen und Künstlern ein Dorn im Auge war: Adolph Tiedemand und Hans Fredrik Gude haben sich aller Traumbilder und Klischees der Norweger fleißig bedient. Ihr bekanntestes Bild, *Brautzug auf dem Hardangerfjord*, befindet sich im Nationalmuseum in Oslo. Bei Rasmus Meyer sehen wir ein verwandtes Motiv: Braut, Bräutigam und Hochzeitsgesellschaft ziehen durch den Wald in dem 1873 entstandenen Gemälde *Brautzug durch den Wald*. Wie in fast allen Klischees steckt auch hier ein Stück Wahrheit drin: Hier im Erdgeschoss war Architekt Landmark eher bemüht, die Stimmung der Privatwohnung des Kunstsammlers Rasmus Meyer wieder aufleben zu lassen. Stühle, Tische und Flügel aus der Zeit der Jahrhundertwende helfen uns in die Zeitmaschine, zurück in die Zeiten, als der außergewöhnliche Müllerssohn Rasmus Meyer nach Bildungsreisen nach Italien und Frankreich sich dafür entschied, die schönsten Kunstwerke, die Norwegen zu bieten hatte, unter seinem Dach zu versammeln. Glücklich ist er dabei nicht geworden. Nach dem Ersten Weltkrieg war es mit dem wirtschaftlichen Erfolg von Rasmus Meyer vorbei. Nach einer Periode tiefer Depression nahm er sich 1916 das Leben.

Die Erben wollten seine Sammlung der Öffentlichkeit zugänglich machen, unter der Voraussetzung, dass die Stadt als Gegenleistung ein Haus für die Sammlung bauen würde. Das hat die Stadt getan, und Meyers Sammlung ist noch immer, obgleich heute etwas versteckt unter dem neuen Namen, der Stolz der ganzen bergensischen Bevölkerung.

34

Auf ein Bier und eine Schallplatte bei Apollon

APOLLON PLATEBAR
NYGÅRDSGATEN 2A
TEL. 55 31 59 43
WWW.APOLLON.NO
MO - SA 10-24 UHR ; SO 12-24 UHR

FINCKEN
NYGÅRDSGATEN 2A
WWW.FINCKEN.NO
MI - DO 19-1.30 UHR; FR - SA 20-3 UHR;
SO - DI GESCHLOSSEN

KAOS
NYGÅRDSGATEN 2
MO - SA 15-2.30 UHR; SO 18-1 UHR

TIPP

DIE BRÜHE BEI MARG & BEIN
GEHT DURCH MARK UND BEIN.

MARG & BEIN
FOSSWINCKELS GATE 18
TEL. 55 32 34 32
WWW.MARG-BEIN.NO
DI - DO 17-22.30 UHR ;
FR - SA 17-22 UHR ; SO 17-21.30 UHR ;
MO GESCHLOSSEN

In der Regel darf man in Geschäften in Norwegen keinen Alkohol anbieten. Die Behörde in Bergen hat aber eine Ausnahme für den Plattenladen *Apollon* gemacht.

Die Auswahl »vom Fass« erweitert sich ständig. Das neue Craft Beer 7 *fjell*, nach den sieben Gebirgen nebenan benannt, ist derzeit in drei verschiedenen Sorten vertreten. Die Nachsichtigkeit der Kontrollinstanzen hängt mit dem Ruhm Apollons in Bergens Musikszene zusammen.

Seit 1976 hat sich der Laden an wechselnden Orten in der Stadt immer wieder etabliert. In der Ausgehmeile Christies gate hat er wahrscheinlich seine permanente Bleibe gefunden. Gleich in der Nähe liegt das ebenfalls legendäre Schwulen-Café *Fincken*. Gegenüber die junge Bar *Kaos*. Mehrmals, und insbesondere mit dem Untergang der CDs, stand Apollon kurz vor der Insolvenz. Jedes Mal kamen ihm die Musiker zu Hilfe und veranstalteten Konzerte im Hinterhof. Mit der Auferstehung des Vinyls scheint Apollons Zukunft als Plattenladen erst einmal wieder gesichert.

Wer nach Bergen fährt, sollte im Voraus eine Playlist mit Bands wie Ephemera, Razika, Kings of Convenience, Marius Neset, Leif Ove Andsnes, Dag Arnesen und Bergen Big Band zusammenstellen. Mit einer Vinylplatte einer der erwähnten Bands und natürlich auch einer der großen Komponisten wie Edvard Grieg und Harald Sæverud im Gepäck lässt der Klang Bergens nie mehr so richtig nach.

35

Café Opera

ENGEN 18
TEL. 55 23 03 15
MO - MI 10-0.30 UHR;
DO - FR 10-3.30 UHR;
SA 11-3.30 UHR; SO 11-24 UHR

Wer nach Informationen über das *Café Opera* im Netz sucht, findet erstaunlich wenig – abgesehen von den üblichen Bewertungen. Jemand fand den Service schlecht, andere nicht. Jemand fand das Essen toll, andere nicht. Das Essen im Café Opera ist ganz in Ordnung. Wir sind aber nicht wegen des Essens hier, waren wir nie, und eigentlich auch nicht wegen des Service. Seit 1985 gibt es das Café im weißgestrichenen Holzhaus gleich gegenüber dem Theater. Das Café Opera war also schon immer da – und wir auch. Was uns bleibt, sind nur Erinnerungen, aber die fallen auch eher spärlich aus. Die Sofas im zweiten Stock. Auf dem Tisch ein Kännchen Tee. Der Tee wurde im

Erdgeschoss gebrüht und kam mit dem Fahrstuhl nach oben. Mit dem Kännchen vor sich konnte man stundenlang dasitzen, und irgendwann tauchten schon Bekannte auf. Der ewige Student war immer da, wie heute auch. Es wurde Schach gespielt. Es wurde über Stefan Zweig und Hermann Hesse gesprochen. Am späten Abend legten DJs auf, wie heute auch noch. Was da in der kleinen Ecke vor dem DJ-Pult geschah und nicht geschah, blieb etwas unklar. In solchen Fällen von Erinnerungslücken ist es gut, dass es den Autor Karl Ove Knausgård gibt. Knausgård schildert sein Leben in Bergen im fünften Band seines autobiographischen Projekts. Man muss nicht viele Seiten von *Träumen* lesen, bis das Café Opera auftaucht – als Traum. Denn wenn sich der 19-jährige Ich-Erzähler Karl Ove im Jahr 1988 auf seinen Umzug nach Bergen freut, denkt er an den Studentenclub *Hulen* (den es ebenfalls heute noch gibt) und eben das Café Opera. Als er dann endlich in Bergen eintrifft, ist das Café Opera die erste Anlaufstelle auf der Bildungsreise des jungen Studenten, der etwa 30 Jahre später einer der erfolgreichsten Autoren des 21. Jahrhunderts sein würde. Mit seiner zentralen Lage an der Ecke ist das Café Opera nicht mehr aus dem Stadtbild wegzudenken. Eine Schließung würde sicherlich zu Protestmärschen führen.

36

Essen wie ein König bei Allmuen

ALLMUEN
VALKENDORFSGATEN 1B
TEL. 91 91 80 08
WWW.ALLMUENBISTRO.NO
MO - DO AB 16 UHR; FR - SA 16-3 UHR

Wer zu »Allmuen« gehörte, hatte nicht das Sagen in der alten norwegischen Gesellschaft. Er war der gemeine Mann und fristete ein Leben ganz unten in der Gesellschaft. Dieser Gruppe gehört der notorische Säufer Jeppe in Ludvig Holbergs Theaterstück *Jeppe vom Berge* an. Holberg gilt als einer der wichtigsten Dramatiker Bergens. In seiner lustigen Komödie *Jeppe vom Berge* langweilen sich die Reichen und Schönen fast zu Tode und machen sich den Spaß, den betrunkenen und schlafenden Jeppe im Bett eines Barons aufwachen zu lassen. Jeppe fragt sich, ob er wohl im Himmel gelandet sei. Bald gewöhnt er sich aber an sein neues Luxusleben.

Er erlaubt sich sogar ein tyrannisches Benehmen gegenüber der Dienerschaft, bis der Scherz enthüllt wird und Jeppe wieder zurück in sein erbärmliches Armutsleben geworfen wird.
Die Fröhlichkeit aus Holbergs Stück findet man auch im Restaurant *Allmuen* wieder. Die Stimmung ist gut. Die Bar ist aus Holz gebaut, das vom Berg Ulriken stammt (siehe Lieblingsort Nr. 49). Ein berühmter norwegischer Autor unserer Zeit feiert hier mit Familie, Freunden und Kollegen und bestellt Flasche um Flasche vom besten Weißburgunder des Hauses. Die Musik ist laut, aber nicht störend. Die Kellner haben Spaß an ihrer Arbeit und stellen enthusiastisch die Speisekarte vor, mit Gerichten, die man sich am Tisch teilt. Was für den Abend vorbereitet wird, hängt von der Saison ab – und von der Laune der Köche.

37

Das Hotel Bergen Børs

BERGEN BØRS HOTEL
VÅGSALLMENNINGEN 1
TEL. 55 33 64 00

BARE RESTAURANT
TORGALLMENNINGEN 2
TEL. 40 00 24 55
WWW.BARERESTAURANT.NO
DI - SA 17-22 UHR;
SO, MO GESCHLOSSEN

Als wir Kinder waren, sind wir von der Bushaltestelle vor diesem altehrwürdigen Gebäude nach Hause gefahren. Was sich hinter den großen Türen verbarg, haben wir nie so richtig verstanden.

Die Bergenser wollten sich mit diesem großartigen Haus ein Denkmal setzen. Hier sollten die großen Geschäfte stattfinden: 1862 als Börse eröffnet, hat das Haus eine bunte Geschichte, seit die Börse, wie viele andere Institutionen auch, über die Berge nach Oslo zog.

Nach dem Ersten Weltkrieg waren die Reedereien der Stadt alle sehr reich, denn als neutrales Land hatte die norwegische Handelsflotte während des Krie-

ges ihre Frachtfahrten auf dem Wasser fortsetzen können. Allerdings geriet die Hälfte der Flotte ins Kreuzfeuer. 2000 Seeleute, viele davon aus Bergen, kamen ums Leben. Aber die Reeder, die ruhig in ihren Villen in Stadtteilen wie Kalfaret oder Paradis weilten, hatten trotzdem das große Geld verdient. Wohin nur damit?

1918 gewann der Künstler Axel Revold mit seinem Vorschlag »Warenaustausch« den Wettbewerb um die Ausschmückung der großen Börsenhalle. Revold wollte ein Freskogemälde direkt an die Wand malen. Fresko war in der ersten Hälfte des 20. Jahrhunderts groß in Mode. Einige Jahre später erzählten die Künstler Henrik Sørensen und Alf Rolfsen die Geschichte der Stadt Oslo an den Wänden des Osloer Rathauses (siehe Lieblingsort Nr. 6).

Axel Revold hatte sich von seinen Reisen nach Italien inspirieren lassen und fing mit seinem Werk unter schwierigsten Bedingungen an: Hinter einem Teppich, mit einer Taschenlampe ausgerüstet, bei vollem Betrieb der Börse, machte er sich an die Arbeit. Er fing mit der Darstellung des Fischfangs und des Trocknens des Stockfisches an den Holzgestellen in der norwegischen Region Lofoten an. Dann malte er die oft lebensgefährliche Fahrt die Küste entlang, vom Norden kommend in Richtung Bergen. Er stellte die goldenen Getreideacker dar, so, wie er sich möglicherweise die fruchtbaren Gebiete Mecklenburgs und Vorpommerns vorstellte, woher die Hanse ihr Korn bezog. Dann beschrieb er die neue Zeit mit ihren modernen Schiffswerften und den Maschinenräumen im Schiffsinneren, bis er mit der Darstellung der Tropen begann, wo die Menschen ganz andere Früchte und Gewächse aus der Erde holten.

Den bunten Börsenbetrieb konnte Bergen nicht aufrechterhalten. Irgendwann zog eine Bank ein, später die Touristeninformation. Heute beherbergt das Gebäude in seinen wunderbaren Freskohallen mehrere Restaurants.

In den letzten Jahren hat sich aber etwas ganz Neues auf der Hinterseite des Hauses aufgetan: Das Hotel Bergen Børs eröffnete 2015, mit der Ambition, der Bourgeoisie in Bergen ein Denkmal zu setzen. Die Räume scheinen alle eine eigene Persönlichkeit zu haben. Der Schiffsreeder Odfjell (seine Nachfahren gehören jetzt zu den heutigen Besitzern des Hauses) blickt uns aus einem Gemälde heraus an. Der Safe des Bankchefs steht immer noch in Zimmer 302.

Das Highlight des Hauses ist dieser Tage das Restaurant *Bare* im zweiten Stock des Hotels mit dazugehöriger Bar. Hier verarbeiten die Köche all das, was Landschaft und Meer zu bieten haben. Allerdings in der Regel keinen Stockfisch, da die frische Variante doch noch immer unbeeindruckt vor der Haustür herumschwimmt.

38

Das Hanseatische Museum

SCHØTSTUENE
ØVREGATEN 50
TEL. 53 00 61 10
SCHØTSTUENE.NO

DAS MUSEUM WIRD UMFASSEND RESTAURIERT UND ÖFFNET VORAUSSICHTLICH 2026 WIEDER; DIE ZUM MUSEUM GEHÖRENDEN »SCHÖTSTUBEN« (VERSAMMLUNGSRÄUME DER KAUFLEUTE IM WINTER) LOHNEN ABER EINEN BESUCH: SIE SIND SEIT MAI 2019 SCHAUPLATZ NEUER AUSSTELLUNGEN UND ERZÄHLEN DIE HANSEATISCHE GESCHICHTE UND DEN SPANNENDEN RESTAURIERUNGSPROZESS.
SIE SIND NUR FÜNF GEHMINUTEN VOM MUSEUM ENTFERNT UND BEFINDEN SICH NEBEN DER MARIENKIRCHE.

TIPP

SCHLAFEN WIE DIE HANSE
IM HANSEATISCHEN HOTEL.

DET HANSEATISKE HOTEL
FINNEGÅRDEN 2A
TEL. 55 30 48 00
WWW.DETHANSEATISKEHOTEL.NO

Vielleicht beginnt die Geschichte der Hanse in Bergen mit zwei Bittbriefen aus Norwegen. Im Jahr 1212 schreibt der norwegische König Håkon IV. Håkonsson einen Kaufmann aus Lübeck an und bittet um dringend benötigtes Getreide und Malz. Etwa zwanzig Jahre zuvor schwärmte

ein norwegischer Kreuzfahrer von der Stadt Lübeck, in der es Stockfisch und Kabeljau in unermesslichen Mengen gebe und obendrein Wein, Honig, Weizenmehl und edle Klamotten.

Zunächst standen die Kaufmänner aus den norddeutschen Städten in ständiger Konkurrenz mit den Engländern. Manchmal passierte es, dass die »Düdesche (»deutsche«) Hanse« unverhältnismäßig viel Wein aus dem Rheingebiet und weniger Mehl mitbrachte, was zuweilen ernsthafte Folgen haben konnte. Entlang der norwegischen Küste saßen die Fischerfamilien, für die die Lieferung des wertvollen Guts Getreide eine Frage von Leben und Tod war. In Lübeck erlebten die Händler allzu oft, dass die Fischer ihre Kredite nach dem langen Winter nicht mit ausreichend Fisch zu bezahlen vermochten. Es gab also einen beiderseitigen Bedarf an klaren Regelungen ein Bund etwa, der die Geschäfte mit der Stockfisch-Metropole Bergen von Lübeck aus kontrollieren könnte. So entstand etwa im 14. Jahrhundert die Städtehanse.

Fast vierhundert Jahre lang war das Hanseviertel Bryggen (»die Brücke«) in Bergen deutsch. Die Einheimischen nannten es daher *Tyskebryggen* (»Brücke der Deutschen«). 1343 errichtete die Hanse dort eine erste Handelsniederlassung, die der Hansestadt Lübeck untergeordnet wurde, da

Kontore keine selbstständigen Mitglieder der Hanse sein konnten. Das Kontor im Haus *Finnegården* besteht seit 1704 – wieder aufgebaut nach einer der vielen Stadtbrände und heute ein Museum.

Was wir zu sehen bekommen, ist die Stube wie eh und je: Kontor und Wohnort zugleich. Eine strenge, norddeutsche Männerwelt mitten in der Stadt, von der Außenwelt durch ein Tor getrennt. Der Teufel steckt im Detail, auch in diesem reizvollen, kleinen Ort. Jede Menge Stockfisch ist natürlich zu sehen, getrocknet und paarweise. »Gebraut im Regen« steht auf den Dosen der größten Bierbrauerei der Stadt, die selbstverständlich *Hansa* heißt. Getrocknet im Wind, im Regen und in der Sonne, müsste man vielleicht beim Stockfisch hinzufügen, der dank dieser genialen und preiswerten Konservierungsmethode der Hanse (und einigen Fischern) zu unglaublichem Wohlstand verhalf.

39

Auf Mikrocruise im Stadtinneren

BEFFENFERGEN
TEL. 41 48 98 25
WWW.BEFFENFERGEN.NO

SØSTRENE HAGELIN
STRANDGATEN 3
WWW.SOSTRENEHAGELIN.NO
MO - FR 9-19 UHR; SA 10-17 UHR

TIPP

EIN BIER MIT DEN EINHEIMISCHEN AUF SONNIGE TAGE BEI »STAATSRAADEN«:
STAATSRAADEN BAR & RECEPTION
BRADBENKEN 2
TEL. 55 80 17 00
MO - MI, SO 11-24 UHR
DO - SA 11-1 UHR

Die kleine Fähre, die zwischen den Streetfood-Verkäufern beim alten Fischmarkt ablegt, kämpft meist vergeblich um die Aufmerksamkeit der Touristen. Wir aber wollen diesen kleinen Ausflug in das Hafenbecken in Bergens Mitte keinesfalls verpassen. Was die 1943 erstmals zu Wasser gelassene *M/F Vågen* anzubieten hat, ist Mikrotourismus pur. Wem das etwas aufwändigere und erfolgreiche Rundreise-Konzept *Norway in a Nutshell* ein bisschen zu teuer und zu überfüllt ist, bereist hier als Alternative Bergens Hafenanlage in nur wenigen Minuten. Länger dauert die »Kreuzfahrt« in dieser 500 Meter breiten Bucht nicht. Auf dem Weg sehen wir die an-

deren kleinen Fähren des Betreibers *Bergen Elektriske Færgeselskap*, die auf der kurzen Strecke zwischen Nordnes und Bryggen verkehren.

Die Überfahrt ist verhältnismäßig ruhig, aber die Wellen können auch hier, im Hafenbecken, ganz schön kräftig sein. Auf unserer kleinen Kreuzfahrt können wir uns ins 17. Jahrhundert zurückdenken, also in die Zeit, als englische Kriegsschiffe die Bucht versperrten, um an die Ware der niederländischen Ostindien-Kompanie heranzukommen, die im Hafen von Bergen Zuflucht gefunden hatte. Die englischen Räuber hatten einen Pakt mit dem dänischen König in Kopenhagen geschlossen. Von dieser räuberischen Absprache wusste der zuständige Admiral in Bergen jedoch nichts. Die Engländer gerieten unter Feuer und mussten sich unter großen Verlusten in einen nahe liegenden Fjord zurückziehen. Während der Schlacht regneten Kanonenkugeln nicht nur auf Holländer und Engländer. Eine davon traf die Außenwand der Domkirche und wurde später als Erinnerung in die Wand eingemauert. Dreihundert Jahre später, im Juli 1944, kam es zu einer der größten Katastrophen der Stadtgeschichte, als ein holländisches Frachtschiff, vollgeladen mit Munition, im Hafen explodierte. 158 Menschen kamen ums Leben, 4800 wurden verletzt. Einige Gebäude, unter anderem die Håkonshalle, nahmen großen Schaden. Einige der Häuser auf Bryggen stehen noch immer schräg von der Explosion. Wir steigen aus – und merken gleich, dass die Meeresluft unseren Appetit angeregt hat. Die Geschwister Hagelin bieten die wunderbarsten Fischbällchen an.

40

Det Lille Kaffekompaniet

NEDRE FJELLSMAUET 2
TEL. 55 31 67 20
MO - FR 10-20 UHR;
SA, SO 10-18 UHR

Wer hier gleich mit der Fløibahn fährt, hat einen guten Kaffee verpasst: Die kleine Kafferösterei *Det Lille Kaffekompaniet* genießt seit 1996 große Beliebtheit in der Bevölkerung und liegt in einer der Gassen gleich hinter der Fløibahn-Station in der Stadtmitte. Die Gässchen schlängeln sich hier scheinbar ohne Ziel zwischen den weißgestrichenen Häusern hindurch – die meisten von ihnen wurden nach dem großen Stadtfeuer im Jahr 1701 erbaut. Die Besitzer fürchteten damals die Zentralmacht in Kopenhagen, die Holz als Baumaterial verbieten wollte, um die Städte vor der ständigen Bedrohung des Feuers zu schützen. Um der Verordnung zu ent-

kommen, fingen die Bergenser schnell an zu bauen, was viele lustige Gassen zur Folge hatte. Erst zweihundert Jahre später, nach einem Feuer im Jahre 1901, baute die Stadtverwaltung endlich eine Feuerstation auf Skansen. Das ist der erste Aussichtspunkt für alle, die vorhaben, in Richtung Fløyen zu wandern. Gesunde Menschen können mindestens bis zur Haltestelle Fjellveien zu Fuß gehen. Jedenfalls glauben das die Norweger, denn das schaffen die Schülerinnen und Schüler der ältesten Schule Skandinaviens, *Christi Krybbe*, schließlich auch. Die Schule wurde 1701 eröffnet und liegt am Fuß des Berges Fløyen. Natürlich müssen wir da hoch, denn auf dem Berg, in 320 Meter Höhe, wartet die schöne Aussicht, weitere Wanderwege und, für die Kinder, der beste Spielplatz in Bergen. Also auf nach oben! Aber erst mal ein Halt bei *Kaffekompaniet*.

41

Der Bergweg nach Fløyen

FLØIBANEN
VETRLIDSALLMENNINGEN 21
TEL. 55 33 68 00
WWW.FLOYEN.NO
MO - FR 7.30-23 UHR;
SA - SO 8-23 UHR

TIPP

DIE KINDER UNBEDINGT AUF DEM GROSSEN ABENTEUERSPIELPLATZ AUF FLØYEN AUSTOBEN LASSEN.

Die Menschen aus Bergen sind sehr stolz auf ihre kleine Fløibahn. Die Standseilbahn, die Erste im Land, wurde am 15. Januar 1918 feierlich eröffnet. Die Wagen wurden damals aus einer Maschinenfabrik in Esslingen in Baden-Württemberg geliefert. Seitdem wurden sie vier Mal ausgewechselt, ansonsten ist alles wie früher. Touristen, Einheimische und auch Kinder des hiesigen Kindergartens werden in wenigen Minuten bis auf den Fløyberg befördert. An der zweiten Haltestelle überraschen wir alle – und steigen aus. Der Bergweg Fjellveien bietet eine seltene Möglichkeit, nicht bergab, nicht bergauf, sondern am Berg entlang zu spazieren. Eigentlich sollte man ihn nur in verliebtem Zustand und/oder mit einem Herzensfreund im Arm bewandern. Zusammen und nebeneinander betrachten wir diese wunderbare Stadt, die von hier aus in ihrer ganzen Schönheit zur Geltung kommt. Wir gehen in Richtung Meer. In der Ferne sehen wir die Brücke zur Insel Askøy. Hinter der ersten Kurve taucht die Büste von Ole Irgens auf. Der einstige Schulinspektor hat sich für diesen Spazierweg eingesetzt und, wie er es auch im Schulwesen vermochte, seinen Plan durchgesetzt. Weiter geht's, auf diesem unglaublich romantischen Weg. In der nordischen Sommernacht weigert sich die Sonne bis zum letzten Moment, im Meer unterzugehen. Die Bergseite ist die Sonnenseite. Allmählich verlassen wir das Stadtzentrum und befinden uns auf der Höhe des Stadtteils Sandviken. Wir passieren ein altes Wasserwerk. Ein bisschen versteckt, zur linken Seite versetzt, liegt der Aussichtspavillon *Mon Plaisir*. Dort sitzen meist verliebte Jugendliche, die uns nicht eines Blickes würdigen (und die eigentlich zu jung sind für die Bierdosen in ihren Plastiktüten). Von hier aus blicken wir auf das Feld des Sportvereins *Varegg*. Hier könnte man den Weg eigentlich auch wieder verlassen und auf kurvigen, steilen Straßen zurück in die Stadt spazieren. Wer aber weitergeht, kommt allmählich zur *Stoltzekleiven*. Hier findet im September der berüchtigte Berglauf *Stoltzekleiven opp* (»Stoltzekleiven aufwärts«) statt. Tausende Läufer jagen wie verrückt die 800 Stufen hinauf. Der schnellste Mann schaffte es bisher in 7,54 Minuten, die schnellste Frau in 9,35. Das ist alles ziemlich absurd. Wer jedoch die Treppen hinaufsteigt, hat eine noch schönere Aussicht – und findet den Verbindungsweg zur zivilisierten Welt auf Fløyen, wo Kaffee, Kuchen und Spielplätze auf uns warten.

42

Das Lepramuseum St. Jørgens Hospital

KONG OSCARS GATE 59
TEL. 48 16 26 78
15. MAI BIS 31. AUG. TGL. 11-15 UHR;
17. MAI UND 1. SEPT. BIS 14. MAI
GESCHLOSSEN

TIPP

RAVIOLI GEFÜLLT MIT SPINAT IN DER MATBAR IM HOTEL ZANDER K.

MATBAR
ZANDER KAAES GATE 8
WWW.ZANDERK.NO/MATBAR
MITTAGS: MO - FR 11.30-15 UHR;
SA 12-15 UHR;
ABENDS: MO - SA 17-24 UHR;
SO 16-24 UHR

Etwa 70 Jahre, nachdem die letzten Patientinnen und Patienten die Räumlichkeiten des heutigen Lepramuseums verließen, lassen sich die Leiden der hier behandelten Menschen immer noch nachspüren. Wir wandern von Zimmer zu Zimmer in dem zweistöckigen, dem heiligen Georg gewidmeten Haus, in dem die brutalen Deformierungen des Körpers durch diese Krankheit in Zeichnungen, Fotografien und Patientenakten dargestellt werden.

In einem der Patientenjournale aus dem Jahre 1843 schreibt der zuständige Arzt Daniel Cornelius Danielsen von einem 13-jährigen Jungen, dessen »Knoten völlig entwickelt sind: Sie sind an meh-

reren Stellen zusammengewachsen und in vielen von ihnen hat sich Wundbrand entwickelt. Die Augenbrauen sind abgefallen. Er wurde mit sechs Jahren leprakrank.«

Während des gesamten 19. Jahrhunderts war das Krankenhaus voll belegt. Danielsen machte 1863 etwa 2119 Aussätzige in Bergen und Umgebung aus. Zum Vergleich: Die norwegische Bevölkerung bestand zu diesem Zeitpunkt aus etwa zwei Millionen Menschen.

Die Anzahl der Erkrankten an der malerischen Westküste Norwegens überraschte auch die britische Journalistin Elisabeth Garnett, die sich 1889 wunderte, wie dieses wunderschöne und gesundheitsbringende Land auch »die europäische Heimat« dieser grauenhaften Krankheit sein konnte. Warum so viele Menschen gerade in Bergen und Umgebung betroffen waren, weiß man bis heute nicht so richtig. Vielleicht hatte es mit den harten Lebensbedingungen der von der Fischerei lebenden Bevölkerung zu tun, die häufig Tage und Nächte in ihren Fischerbooten zubrachte und von einer sehr begrenzten Auswahl an Lebensmitteln lebte, was wiederum zur Schwächung des Immunsystems führte.

Die über Jahrhunderte verbreitete Vorstellung, Lepra sei eine erbliche Krankheit, erschwerte die Heilung erheblich. Mit der Entdeckung des Erregers der Lepra gelang dem Arzt Gerhard Armauer Hansen 1873 der Durchbruch in der Lepraforschung. Armauer Hansen arbeitete schon lange mit der Hypothese, dass die Krankheit nicht erblich, sondern ansteckend ist. Nach jahrelanger Forschung gelang es ihm mithilfe seines deutschen Kollegen Albert Neisser, die Bakterie durch Farbstoffe sichtbar zu machen. Neisser publizierte sofort einen Artikel, in dem er sich nach Armauer Hansens Ansicht als den eigentlichen Entdecker des Virus ausgab. Aber das ist eine andere Geschichte. (Die

Nachwelt hat Armauer Hansen den Vorzug gegeben.)
Im Hospital geht es heute um die Opfer der Krankheit, die tagsüber im großen Saal Schuhe, Schmuck und andere Kleinwaren anfertigten, die sie für ihren Lebensunterhalt an die Stadtbevölkerung verkaufen konnten. Das Hospitalgebäude steht offen für Besucher. Das Gleiche gilt für die Kirche. Die Altartafel zeigt Jesus mit zehn Leprakranken. Somit konnten sich die Patientinnen und Patienten zumindest beim Gottesdienst als Teil der Gemeinschaft fühlen. Ein anschließender Besuch im benachbarten Kräutergarten gehört zum Besuch dieses sonderbaren Museums dazu. Dort können wir uns die letzten Patientinnen des Hauses gut vorstellen: Die beiden wurden 78 und 82 Jahre alt und starben innerhalb von drei Wochen im Jahr 1946. Beide hatten zu dem Zeitpunkt länger als 50 Jahre im Hospital verbracht.

43

Die Ruhe am Bahnhof

STRØMGATEN 5
WWW.NSB.NO

TIPP

ES GEHT UM DIE WURST BIS SPÄT BEI 3 KRONEREN PØLSEBU.

3 KRONEREN PØLSEBU
KONG OSCARS GATE 1B
MO - FR 11-4 UHR;
SA - SO 11-6 UHR

Der Architekt Jens Zetlitz Monrad Kielland hat den Bahnhof in Bergen mit drei Ausgängen ausgestattet.

Wer aus dem Zug in diesem 1914 eröffneten Kopfbahnhof aussteigt, hat die Möglichkeit, rechts abzubiegen: Draußen warten Taxis, die man aber in dieser Stadt kaum benötigt. Quer über die Straße bieten die Hotels Zander K und Hotel Terminus Übernachtungsmöglichkeiten. Das Erste ist eher modern, das Letztere ausgesprochen nostalgisch – aber beide sind tolle Hotels.

Wer den linken Ausgang wählt, stößt erst einmal auf die Haltestelle der neuen Stadtbahn, die die Passagiere in gemächlichem Tempo in Richtung Flughafen

verfrachtet. Auf der anderen Straßenseite liegt die etwa zur gleichen Zeit, also Anfang des 20. Jahrhunderts, entstandene öffentliche Bibliothek, die wie der Bahnhof aus »lokalem Stein« gebaut wurde. Die beiden Gebäude, Bahnhof und Bibliothek, stehen da wie Zwillinge vergangener Zeiten und sind bei der Bevölkerung auch gleichermaßen beliebt.

Es regnet häufig in Bergen, aber wen kümmert das, wenn man beispielsweise auf einer Bank in diesem schönen Bahnhof sitzt. Niemand stellt in Frage, warum wir da sitzen. Wir sind alle potentielle Reisende mit der etwas altmodischen, aber schönen Bergenbahn.

Plötzlich strahlt die Sonne durch das Glasdach des Bahnhofs und verrät damit die wahre Geschichte über das Wetter in Bergen. Die Wahrheit ist nämlich nicht, wie bereits erwähnt, dass es immerzu regnet, sondern dass das Wetter ständig wechselt. Das weiß jeder, der hier aufgewachsen ist. Die Sonne schaffte es fast immer, den Asphalt zu trocknen, bevor der Himmel seine Schleusen wieder öffnete. So war es in den achtziger Jahren, und so ist es auch heute noch.

Møhlenpris und Nordnes

44

Die Bar im Cornerteateret

BAR IM CORNERTEATERET
KONG CHRISTIAN FREDRIKS PLASS 4
TEL. 94 79 63 10
DI - DO 16-22 UHR; FR 14-22 UHR;
SA 12-22 UHR; SO 12-20 UHR

HULEN
OLAF RYES VEI 48
TEL. 55 32 31 31
WWW.HULEN.NO

VILVITE
THORMØHLENS GATE 51
TEL. 55 59 45 00
DI - FR 9-15 UHR; SA - SO 10-17 UHR;
MO GESCHLOSSEN

COLONIALEN KRANEN
SOLHEIMSGATEN 9B
TEL. 55 90 16 00
WWW.COLONIALEN.NO/KRANEN

MO - MI 8-19 UHR (KÜCHE SCHLIESST
UM 18 UHR); DO - FR 8-22 UHR;
SA 13-22 UHR; SO 13-19 UHR
(KÜCHE SCHLIESST UM 18 UHR)

Der *Puddefjord* war nie der bevorzugte Wasserweg für die Segelschiffe, die nach Bergen kamen. Stattdessen haben die großen Schiffswerften hier ihren Standort gefunden. Der nahe gelegene Stadtteil Møhlenpris war überwiegend Wohnort für die Werftarbeiter, die bei der größ-

ten Schiffswerft *Mjellem & Karlsen* Arbeit gefunden hatten.

Nachdem der Hafen am Puddefjord ein Jahrhundert lang zunächst für industrielle Zwecke genutzt worden war, war der Boden verseucht. In den letzten fünf Jahren haben die städtischen und staatlichen Umweltbehörden im Fjord »aufgeräumt«. Gleichzeitig sind neue Wohnviertel auf dem alten Werftgelände *Solheimsviken* entstanden. Inzwischen wohnt hier beispielsweise der Trainer der zurzeit ganz erfolgreichen städtischen Fußballmannschaft *Brann* (»Feuer«), außerdem eine der Persönlichkeiten des öffentlich-rechtlichen Rundfunks. Kleine Mädchen und Jungen kicken eifrig auf dem Fußballfeld des Stadtteil-Clubs *Djerv*. Vielleicht spielt eine oder einer von ihnen künftig bei *Brann*. Der legendäre Studentenclub *Hulen* (»Höhle«) bietet in einem alten Luftschutzbunker Konzerte für alle Glücklichen an, die noch Studenten sind.

2016 hat die große Brücke über dem Puddefjord Gesellschaft von einer kleineren bekommen, genannt *Småpudden*. Hier dürfen nur Fußgänger und Radfahrer herüber. Auf der Møhlenpris-Seite des Wassers gibt es auch einen kleinen Sandstrand. Sehr beliebt ist auch das populärwissenschaftliche Wissenscenter *VilVite*, wo sich Kinder und Jugendliche großen und kleinen

Herausforderungen aus der Welt der Naturwissenschaften stellen können.

Der allerbeste Ort, das Aufleben dieser Gegend zu betrachten, ist aber die Bar im *Cornerteateret*. In dem alten Werkstattgebäude ist eine Bühne für freie Theatergruppen jenseits des institutionellen Theaterlebens entstanden. Viele der Vorstellungen im Theater sind entweder in englischer Sprache oder ganz »sprachlos«. Der Mutige geht hinein - und lässt sich überraschen.

Studenten gehen also in den Studentenclub. Die Kinder zum populärwissenschaftlichen Wissenscenter *VilVite*. Wir anderen gehen ins Restaurant *Colonialen Kranen* und betrachten den Sonnenuntergang.

45

Musik in der Heringsfabrik Kafé Kippers

KAFÉ KIPPERS
GEORGERNES VERFT 12
TEL. 55 30 40 80
MO - DO 11-23 UHR;
FR - SA 11-24 UHR;
SO 11-23 UHR

Der Sommer kommt zuerst im *Kafé Kippers* in der alten Schiffswerft auf der Halbinsel Nordnes an. Zum Jazzfestival Ende Mai sind alle in kurzen Hosen und schicken Röcken gekleidet. In dieser magischen Woche, die auch auswärtige Musik-, Tanz- und Theaterinteressierte anzieht, gönnt sich der Regen, mit einigen spektakulären Ausnahmen, eine Pause. Der Rhododendron blüht zwischen den Häusern in den kleinen Gassen, und niemand will je wieder nach Hause.

Die Magie verschwindet aber keineswegs im Herbst und Winter ganz, denn auch im Regen, der rachesüchtig an die großen Fenster peitscht, und in den Windböen, die die Regenschirme

umstülpen, steckt etwas Zauberhaftes.

In solchen Augenblicken versteht man, warum die Bergenser – und nicht nur die Bergenser – denken, dass es nahezu eine Katastrophe für Norwegen ist, dass nicht diese Stadt mit ihrer Geschichte und der geographischen Lage die Hauptstadt des Landes ist. Hier hat das Wetter Charakter! Denn ist es nicht die Küste, die das Land auszeichnet? Hier wird das Öl aus dem Meer geholt. Hier verdienen die Lachszüchter Millionen, und hier sind die richtigen Fjorde! Aber so ist es nun mal nicht gekommen. Aber die Erinnerungen an die glorreiche Vergangenheit leben fort. Die Schiffswerft auf Nordnes hatte ihre Blütezeit mitten im 19. Jahrhundert, als der Schiffsbauer Ananias Dekke aus den Vereinigten Staaten zurückkam und begann, Segelschiffe und Holzdampfer zu bauen. Im 20. Jahrhundert gründete man eine Sardinenfabrik, die erst 1973 stillgelegt wurde. Zum Sortiment der Fabrik gehörte auch der kalt geräucherte Hering, »Kipper« genannt, von dem das heutige Café seinen Namen hat.

Sandviken

46

Das Fischereimuseum

»Es ist so weit, dieses Land. Das Meiste davon ist im Norden«, schrieb der Poet Rolf Jacobsen. Man könnte eigentlich ruhig noch hinzufügen: »Fast alles ist Küste. Es gab eine Zeit, da wir alle vom Fisch lebten.«
Die Geschichte der Hanse ist sozusagen der erste Akt dieses maritimen Abenteuers in Norwegen (siehe Lieblingsort Nr. 38). Das Fischereimuseum im Stadtteil Sandviken erzählt, was dann passierte. Und wer will nicht erfahren, wie die Geschichte weiterging? Das Museum tut wirklich alles, um uns weg von Bryggen und hin zu den Bootshäusern im Stadtteil Sandviken zu locken. Es gibt sogar einen Shuttlebus, der uns zum Fische-

SANDVIKSBODER 23
TEL. 53 00 61 60
DI - SO 11-15 UHR;
MO GESCHLOSSEN

reimuseum fährt. Im Sommer fährt auch die kleine Fähre *Beffen* (siehe Lieblingsort Nr. 39) im Auftrag des Museums, was wiederum bedeutet, dass man den Besuch mit einer kleinen Wassertour im Hafenbecken kombinieren kann. Das an sich ist schon ein Abenteuer.

Die Lagerhäuser im Stadtteil Sandviken sind anders gebaut als die Häuser in Bryggen. Die Holzgebäude auf Bryggen wurden mit gutem Abstand zum Wasser gebaut, sodass sie nicht überflutet werden konnten. Das Fischereimuseum steht hingegen praktisch im Wasser. Es ist nicht auf vertikalen Pfeilern gebaut wie in Amsterdam, sondern steht auf horizontalen Pfahlreihen, auch Bollwerk genannt, die in den Meeresboden gerammt wurden. Im Haus hängen Angeln unterschiedlicher Größe unterm Dach. Der Handel mit Trockenfisch wurde durch die Lofotenfischerei und das sogenannte »Heringsabenteuer« abgelöst. An Letzteres erinnern sich die Älteren in der Gegend noch gut: Millionen von Heringen wurden Anfang der fünfziger Jahre in der Laichzeit an die Küste geschwemmt und die lokalen Fischer schaufelten sie an Land. Den Fischerdörfern wurde zu Wohlstand verholfen und einige Fischer wurden zu sogenannten »Heringskönigen« ernannt. In den siebziger Jahren waren die Heringe weg, aber dann begann der unglaubliche

Aufstieg der Lachszucht in Norwegen. Diese historischen Ereignisse werden hier ausführlich und – glücklicherweise – nicht ganz unkritisch erzählt. Die Kinder werden miteinbezogen in die Geschichten. Sie erhalten unterschiedliche Aufträge und werden mithilfe des Computerspiels *Fin City* sogar selbst zu Fischern.

Im Nachbarhaus gibt es ein Zentrum für Küstenkultur. Hier arbeiten Männer, die wie Hemingway aussehen und immer vom großen Fisch träumen. In der Zwischenzeit pflegen sie Norwegens größten »Oldtimer-Bootshafen«. Es riecht nach Teer und Salz.

47

BUS 3, 4, 5, 6 UND 83 GAMLE BERGEN

Das alte Bergen

MUSEUM GAMLE BERGEN
ELSERO
NYHAVNSVEIEN 4
TEL. 55 30 80 34
MAI BIS SEPT. TGL. 9-16 UHR;
17. MAI GESCHLOSSEN

TIPP

IM SOMMER IM NEU RENOVIERTEN HOTEL NORGE WOHNEN UND MIT EINEM DER HAUSEIGENEN ELEKTROFAHRRÄDER NACH GAMLE BERGEN FAHREN.

HOTEL NORGE
NEDRE OLE BULLSPLASS 4
TEL. 55 55 40 00
WWW.HOTELNORGE.NO

Wozu eigentlich ein Freiluftmuseum mit alten Häusern in Bergen? Ist nicht eigentlich ganz Bergen ein Museum? Ich bin doch in so einem Haus aufgewachsen, wundert sich der Bergenser. Trotzdem zieht es uns dorthin. Es ist eine Idylle da draußen, und die Stadt zeigt sich mit einem etwas anderen Gesicht. Im Sommer freuen sich die Kinder über das Meeresbad *Elsesro*, das der Schiffsreeder Rasmus Rolfsen Ende des 18. Jahrhunderts für seine Frau Elsebe erbauen ließ. Er muss seine Frau sehr geliebt haben, denken die Eltern.
Das Museum wurde 1949 eröffnet. Die Bergenser zeigten frühzeitig einen Sinn für den einzigartigen Charakter der alten

Drogeri

Häuser. Wenn eines davon im Stadtkern durch ein neues Haus ersetzt werden sollte, wurde das ganze Haus sorgfältig in seine einzelnen Teile zerlegt, nach Gamle Bergen verfrachtet und hier in einer der kleinen Gassen wieder aufgestellt. Eine kleine historische Mini-Stadt ist sozusagen daraus entstanden.

Im Sommer sind die Türen offen. Beim Bäcker sucht man sich eine Zimtschnecke aus – oder *Skillingsbolle*, wie die Einheimischen dieses sehr beliebte Gebäck nennen. In den Häusern sind die Räume mit Möbeln aus verschiedenen historischen Epochen ausgestattet. Schauspieler nehmen die Rollen typischer Familien verschiedener Bevölkerungsschichten ein. Im Winter ist das Museum Gamle Bergen geschlossen. Anfang Dezember aber, am ersten Sonntag im Advent, öffnet das Museum: Bei der Beamtenfamilie Helland wird ein Weihnachtsball vorbereitet, und wir dürfen mittanzen. Um uns herum ist der in Bergen gesprochene Dialekt zu hören. Der Ton ist ganz anders als in Oslo. Die Bergenser sprechen, wie die Deutschen auch, den Buchstaben »R« ganz hinten im Hals aus. Ganz im Gegensatz zu den Osloern, die, wie beispielsweise die Schweizer, das »R« mit der Zungenspitze aussprechen. Bei Anbruch der Dunkelheit wird der Tannenbaum angeleuchtet, und Einheimische wie Touristen gehen zusammen um den Baum herum und singen Weihnachtslieder, die seit Luthers Zeiten zum Kulturgut gehören. Auf dem Weg zurück aus der Vergangenheit gehen wir an der Bushaltestelle einfach vorbei – und laufen lieber über die Autobrücke. Auf der anderen Seite fängt der Bergweg Fjellveien an. Auf diesem Wanderweg spazieren wir wieder zurück in die Stadt. Genau wie früher.

48

Der Trommler in Sandviken

GJEBLE PEDERSSØNS GATE 29

TIPP

DAS LEBEN GENIESSEN IN DER BELIEBTEN KIEZKNEIPE DR. WIESENER.

DR. WIESENER
NYE SANDVIKSVEIEN 17A
TEL. 98 12 77 32
WWW.DRWIESENER.NO
SO - DO 13-1 UHR; FR - SA 13-2 UHR
(KÜCHE IMMER BIS 21 UHR)

Wie sie genau entstanden sind, weiß keiner so richtig. Auch welches die älteste Bogenschützenbrigade ist, ist etwas unklar. Sicher ist aber, dass der dänische König aus dem fernen Kopenhagen 1682 die Bürger in Bergen und in anderen Städten der damaligen Personalunion Dänemark-Norwegen Bürgergarden zusammenstellen ließ – zur Verteidigung der Stadt. Wöchentlich kamen die kampffähigen Männer der Stadt zusammen, um zu trainieren. An der Seitenlinie standen Knaben, die so gerne auch Soldaten sein wollten, aber entschieden zu jung waren. Stattdessen schlugen sie sich regelmäßig mit den Jungs aus den anderen Stadtteilen, bis einer

auf die Idee kam, den Erwachsenen nachzueifern: jedem Stadtteil sein *Buekorps* (»Bogenkorps« oder »Bogenschützenbrigade«) – gesagt, getan. Die Kinder besorgten sich Uniformen und Spielzeuggewehre. Einige waren Soldaten, andere Trommler. Immer am 17. Mai, am norwegischen Nationalfeiertag, waren Mütze und Hemd frisch gebügelt und die Eltern stolz darauf, dass der Sohn ein Buekorps-Junge war. Wer zu *Meyermarken*, *Skuteviken*, *Dræggen* oder zu einer der anderen Brigaden gehörte, stand unter dem Schutz der Älteren. Und war man zu jung – also sieben Jahre alt oder jünger –, konnte man immerhin als sogenannter *Rævedilter* (wörtlich »Arschnachläufer«) den Älteren hinterherlaufen – und war dann trotzdem irgendwie dabei. Die Kleinsten imitierten sozusagen die Imitatoren!

Jedes Frühjahr hört man sie auch heute noch ihre Märsche trommeln. Ist das der Marsch der Skuteviken? Oder vielleicht doch eher der Dræggen-Marsch? Die Kenner hören den Unterschied jedenfalls sofort. Es gibt nicht mehr so viele Brigaden wie früher, aber immer noch 15 aktive Korps.

Einen kleinen Aufruhr gab es, als Anfang der neunziger Jahre die Mädchen auch mit dabei sein wollten. An einem nassen Apriltag im Jahr 1992 marschierten sie zum ersten Mal. Und es gibt sie immer noch: zwei Korps für Mädchen und eine gemischte Brigade für Jungen und Mädchen. Aber die sechs Skulpturen, die an verschiedenen Orten der Stadt verteilt stehen, stellen (etwas einseitig) nur Jungen dar. Der Trommler in Sandviken ist einer davon.

Am Tag der *Buekorps* gehen alle zusammen durch die Stadt. Es passiert nur jedes vierte Jahr – eine Begebenheit, die den Beteiligten genauso wichtig ist wie die Fußball-WM den Brasilianern. Wie in Rio wird laut getrommelt. Und ähnlich wie bei der WM wird ein Glücklicher zum besten Trommler der Welt gekürt.

Ausflüge

49

BUS, 2, 3 ODER 12 HAUKELAND SYKEHUS
IM SOMMER (1. MAI BIS 30. SEPT.) SHUTTLEBUS VON DER TOURISTENINFORMATION JEDE HALBE STUNDE BIS 18 UHR

Auf Berg Ulrikens Spitze – der Höhepunkt in Bergen

ULRIKEN 643
HAUKELANDSBAKKEN 40
TEL. 53 64 36 43
WWW.ULRIKEN643.NO

TIPP

VON BERGEN AUS ZUR ULRIKSBAHN MIT DEM FAHRRAD AM SEE STORE LUNGEGÅRDSVANNET ENTLANG. HALTEN BEI MØLLENDAL FETEVARE FÜR EIN SANDWICH UND MEHR.

MØLLENDAL FETEVARE
MØLLENDALSVEIEN 68D
TEL. 94 08 50 75
MO 11-16 UHR; DI - FR 11-23 UHR; SA 11-17 UHR; SO 11-18 UHR

In heiterer Stimmung steigen wir in die Seilbahn ein. Es gibt zwei davon: die »rote Perle« und die »gelbe Brause«, benannt nach den Zeichnungen von den beiden farbenfrohen Jungen, die seit den 1930er Jahren für die lokale Brauerei Werbung machen. Der ein oder andere Bergenser denkt nun an das »Nationallied« von Bergen, dem der Pfarrer Johan Nordahl Brun ursprünglich den Titel »Aussichten vom Berg Ulriken« gab, aber die Bergenser wollten es anders. Denn in der ersten Strophe taucht ein Saiteninstrument auf, eine Zither, das der singende und spielende Ich-Erzähler aufgreift – und siehe da: Das Instrument ist neugestimmt, was ihn in beste Stimmung versetzt, wie er da sitzt, auf Ulrikens Spitze. Deswegen heißt das Lied im Volksmund nun »Ich nahm meine neugestimmte Zither in die Hand« oder einfach »Die Neugestimmte« (*Nystemten*). Auf dieser Höhe, etwa 643 Meter über dem Meeresspiegel, sehen wir fast bis zum Flughafen Bergen. Hier oben haben wir auch den besten Blick auf das Stadion des Fußballclubs *Brann*, wo die Fans und Spieler vor jedem Heimspiel die erste Strophe von *Nystemten* singen.

Die Aussicht vom Berg Fløyen wirkt eher unspektakulär im Vergleich zu dem, was wir jetzt vor uns haben. Die Laune steigt und steigt – und sogar noch mehr, wenn wir ins kürzlich renovierte Restaurant *Oppstemten* gehen. Die Fischsuppe ist so gut wie in den besten Restaurants der Stadt und für 99 Kronen (ca. 10 Euro) zu haben. Vielleicht empfiehlt sich dieser Höhenflug am besten im September/Oktober, wenn die Sonne durch die Wolken bricht und die Bäume in Herbstfarben glühen. Es ist, als zittere es im ganzen Körper nach neuen Abenteuern. Wir zittern auch ohne Zither! Wohin mit der Energie? Vor uns liegt der prominenteste aller Wanderwege der Gegend. Die Route von Ulriken nach Fløyen nennt man hier *Vidden* (»Die Weite«). Wer über die Weite geht, der ist sozusagen eingebürgert, obwohl sich nur derjenige für einen echten Bergenser halten kann, der über alle sieben Gebirge gegangen ist. Die Wanderung nach Fløyen erfordert gute Schuhe, wasserdichte Klamotten, Schnaps im Gepäck und nimmt (mindestens!) fünf Stunden in Anspruch. Aber es lohnt sich. Wem das zu weit ist, der kann auch die von nepalesischen Sherpas gebaute kunstvolle Treppe zurück zum Ausgangspunkt hinunterklettern. Das ist allerdings auch ziemlich anstrengend für die Knie. Es ist auch erlaubt, einfach im Restaurant zu bleiben. Die rote Perle fährt ja auch wieder hinunter – und wenn man die Perle gerade verpasst hat, dann kommt nach kurzer Wartezeit ganz bestimmt die gelbe Brause vorbei.

50

STADTBAHN BIS HOP

Edvard Griegs Troldhaugen

DAS GRIEG-MUSEUM
TROLDHAUGVEGEN 65
TEL. 55 92 29 92
WWW.GRIEGMUSEUM.NO
1. MAI BIS 30. SEPT. TGL. 9-18 UHR;
1. OKT. BIS 30. APRIL TGL. 10-16 UHR;
14. DEZ. BIS 5. JAN. GESCHLOSSEN

TIPP

IM SOMMER FÄHRT EIN BUS TÄGLICH VON DER TOURISTENINFORMATION AUF DEM FISCHMARKT NACH TROLDHAUGEN UND ZURÜCK. DIESE ALTERNATIVE GEHT SCHNELLER ALS DER NICHT BESONDERS AUFREGENDE SPAZIERGANG VON DER HALTESTELLE DER STADTBAHN AUS. DAS KOMBITICKET FÜR EIN LUNCHKONZERT INKLUSIVE FÜHRUNG IST SEHR ZU EMPFEHLEN.

Das Grundstück soll er auf einem Angelausflug zum See Nordåsvannet mit seinem engen Freund Frants Beyer entdeckt haben. Zu diesem Zeitpunkt war der 43-jährige Komponist Edvard Grieg schon in ganz Europa bekannt. Der Durchbruch gelang ihm bereits mit 25 Jahren, als sein Klavierkonzert a-Moll in Kopenhagen uraufgeführt wurde. Die Musik zu Henrik Ibsens dramatischem Gedicht *Peer Gynt*, mit Sätzen wie »Solvejgs Lied«, »In der Halle des Bergkönigs«, »Åses Tod« und nicht zuletzt »Morgenstimmung«, die alle Schüler in Bergen auswendig auf der Blockflöte spielen können müssen, entsprach von nun an der Vorstellung, die man von den

Norwegern hatte. Der »Sound einer Nation« sozusagen, die erst 1905 selbstständig wurde, war erschaffen. Die Stücke hatte er teilweise aus zweiter Hand bekommen, als er den Hardangerfjord entlangreiste. Wie einst Luther in Eisenach hatte Grieg »dem Volk aufs Maul geschaut«. Ein typisches Beispiel ist *Gjendines Bådnlåt* (Op. 66), »Gjendines Wiegenlied«, das er erstmals die Sängerin Kaia Gjendine Slålien singen hörte. Die Töne hörte er in Norwegen, seine Werke aber schrieb er auf Reisen nach Kopenhagen, Rom und Leipzig. Ein eigenes Zuhause außerhalb des Elternhauses hatte Grieg nach dem Tod seiner Eltern, seit er mit 15 Jahren zur Musikhochschule in Leipzig geschickt worden war, nicht mehr. Irgendwann aber kam dann doch die Möglichkeit: ein Haus außerhalb von Bergen. Das Haus im Schweizerstil war als Sommerhaus geplant und gebaut worden, denn im Winter wollten die Griegs ohnehin immer auf Konzertreisen in Europa unterwegs sein. Im April/Mai 1885 zogen sie in den sogenannten »Hügel der Trolle«, nach *Troldhaugen*, wie das Haus seiner Frau Nina Grieg getauft wurde. Sie war seine Cousine, und die beiden kannten sich schon von Kindesbeinen an. Das Paar fiel auf, wohin sie kamen, nicht zuletzt, weil die beiden sehr klein waren. Grieg war nur 1,51 Meter groß, seine Frau noch zwei Zentimeter kleiner. Sie war eine ausgebildete Sängerin und die erste Interpretin vieler seiner Werke. Er betonte immer wieder, dass seine Lieder besonders für sie geschrieben seien.

Im Haus auf Troldhaugen fand Grieg aber nicht die notwendige Ruhe, die er für das Komponieren brauchte. Im Wohnzimmer störten ihn die Geräusche aus der Küche, ständig kamen Freunde und Bekannte aus Bergen und aller Welt zu Besuch. Nach sechs Sommern bei wechselndem Wetter und begrenzter Produktion (er schuf insgesamt 74 Werke) ließ er am See eine

Komponistenhütte bauen. Sie stellt den Höhepunkt des heutigen Museums dar. Wir gehen den kleinen Weg hinunter zum See. Durch ein Fenster sehen wir in die Hütte hinein, die da steht, als hätte Grieg den Schreibtisch gerade erst verlassen. Wir sehen seinen Flügel und seine Aussicht auf den See. Ein Buch mit 32 Sonaten von Beethoven in der Ausgabe von Ignaz Moscheles, Griegs Lehrer in Leipzig, liegt auf dem Stuhl. Grieg benutzte es als Sitzkissen. Hinter uns, im Berg, liegt die Asche des kleinen Ehepaars in zwei Urnen. Grieg selbst hatte für die Kirche nur wenig übrig. An Gott glaubte er nicht, und eine protestantische Bestattung lehnte er entschieden ab. 1907 starb er an einem Lungenemphysem. Seine Frau Nina überlebte ihn um 28 Jahre. Nach Griegs Tod wurde Troldhaugen – nach vielem Hin und Her – 1928 als Museum wiedereröffnet. 1932, fünfundzwanzig Jahre nach dem Tod ihres Mannes, kam Nina Grieg wieder nach Troldhaugen und erlebte ein Konzert in ihrem ehemaligen Wohnzimmer. Im Juni 2018 wurden alle 74 Werke – pünktlich zu Griegs 175. Geburtstag – in einer 30-stündigen Livesendung im norwegischen Fernsehen von insgesamt über 600 Musikerinnen und Musikern gespielt.

Ein Besuch in Troldhaugen könnte (und sollte) ein musikalischer Höhepunkt des Besuches in Bergen werden: Während der Musikfestspiele Ende Mai, aber auch im Rest des Jahres, besteht die Möglichkeit, ein Konzert in Edvards und Ninas ehemaligem Wohnzimmer oder dem moderneren Troldsaal zu erleben.

REGISTER

ALLGEMEIN

BERGEN

BARS, CLUBS, MUSIK